장면으로 배우는
오모시로이 일본어

허인순·아오모리 쓰요시·오오타니 유카·이시마루 하루나·문형자 지음

어문학사

まえがき

　本書は、先に出版された『테마별로 학습하는 오모시로이 일본어회화』『문화로 배우는 오모시로이 일본어』と同じく、韓国の日本語学習者向けに効率的に楽しい雰囲気で学び、日本語の運用能力を高めるという願いで企画、編集された日本語教材です。
　本書は、第1部の基礎編と第2部の応用編で構成されています。各課とも「丁寧体の本文」「ポイントチェック①」「普通体の本文」「ポイントチェック②」「自由に話しましょう」の順になっています。

　本書を通して、次のようなことを身につけることをねらいとしています。
　　①さまざまな場面で使われる日本語らしいフレーズを知ること
　　②丁寧体と普通体の会話スタイルを学び、使い分けができるようになること
　　③多様な場面設定を通して、日本の文化や習慣を学ぶこと

　日本語の運用能力だけでなく、考える力、異文化理解能力も併せて養成することを目指しています。学習者のレベルや授業の進度によって、どの課からでも始められるようになっています。
　最後に、本書の作成にあたりまして、語文学社の皆様に多大なご尽力をいただきました。ここに深く感謝いたします。

著者一同

머리말

본 교재는 앞서 출판된 『테마별로 학습하는 오모시로이 일본어회화』 『문화로 배우는 오모시로이 일본어』와 동일하게, 한국의 일본어 학습자가 효율적으로 즐거운 분위기에서 습득하고 일본어 활용능력을 높일 수 있도록 기획·편집된 일본어 교재입니다.

본 교재는 제1부 기초편과 제2부 응용편으로 구성 되어있습니다. 각 과는 「정중체 본문」 「포인트 체크①」 「보통체 본문」 「포인트 체크②」 「자유롭게 이야기 합시다」의 순으로 되어있습니다.

본 교재를 통해서 다음과 같은 것이 유용하게 익혀지길 바랍니다.
　① 다양한 장면에서 쓰이는 일본어다운 구(句) 익히기
　② 정중체와 친밀체 회화를 구분하여 익히기
　③ 다양한 장면 설정을 통해서 일본문화와 관습 익히기

이 교재는 일본어 활용능력뿐 만아니라, 사고력·타문화 이해능력도 병행해서 양성하는 것을 목표로 하고 있으며 학습자의 레벨과 수업진도에 따라서 어느 과에서라도 시작할 수 있도록 되어있습니다. 마지막으로 본교재 출판에 힘써주신 어문학사 관계자분들께 깊이 감사드립니다.

저자 일동

| 차례 |

■ 머리말 02

第1部　基礎編

第1課　空港 16
- ❶ 一応
- ❷ 万一
- ❸ できるだけ
- ❹ お/ご〜いたす
- ❺ させていただく
- ❻ お/ご〜ください

免税店 22
- ❶ 定番
- ❷ しかも
- ❸ 断然
- ❹ 〜(よ)うっと
- ❺ ぎりぎり

第2課　郵便局 28
- ❶ なさる
- ❷ 〜だと
- ❸ 〜でもいい
- ❹ 〜のに

電話で会話 34
- ❶ しょうがない
- ❷ 先に

第3課　アルバイト　38

❶ 申す/おる
❷ 〜ていただいて
❸ 〜でしたら/〜ましたら
❹ 時間を割く

ワーキングホリデー　42

❶ なるほど
❷ やっぱり
❸ 〜たら?
❹ 〜ながら
❺ やりがい
❻ さっそく(早速)

第4課　高齢化社会　48

❶ のどか
❷ さすが
❸ 裏を返せば
❹ とっくに
❺ ばかにならない

リサイクル　54

❶ 〜そうにない
❷ 〜ないで済む
❸ 〜放し

第5課　レストラン　60

❶ 承る
❷ 口に合う
❸ 〜付き
❹ まさか〜なんて
❺ 目がない

食べ放題　66

❶ あれもこれも
❷ だって
❸ 心ゆくまで
❹ 行きつけ
❺ というほどじゃない

第6課　ホテル　72

❶ いらっしゃる
❷ 〜てある
❸ あいにく
❹ 〜ませ
❺ おいでになる

日本の交通　78

❶ 〜放題
❷ 〜分
❸ 〜ようと思っている

第7課　病院　84

❶ だるい
❷ 〜ていたところ
❸ 〜すぎる
❹ お大事に

健康　90

❶ 〜みたい
❷ なかなか
❸ 〜ようにしている
❹ 〜たくなる
❺ なんて

第8課	料理教室　96	❶ ～てから
		❷ ～やすい/～にくい
		❸ ～め
		❹ ～たら
	韓国料理　102	❶ ～ない？
		❷ 案外
		❸ 超～
		❹ それとも
第9課	温泉・旅館のマナー　108	❶ ～まま
		❷ さぞかし
		❸ ～てしまう
		❹ ～ようにする
	温泉旅館　114	❶ なんか
		❷ かえって
		❸ ～とか
		❹ ～かもしれない
		❺ いまいち
		❻ そこそこ
		❼ 強み
		❽ マニア

第2部　応用編

第10課　遺失物センター　124
- ❶ 〜かけ
- ❷ 〜ばかり
- ❸ 〜あたり
- ❹ 〜ておく

忘れ物　130
- ❶ 〜なら
- ❷ 〜はず
- ❸ 〜てもらう

第11課　不動産屋　136
- ❶ 〜てもいい
- ❷ 〜向き
- ❸ なんだか
- ❹ 割と

引っ越し　142
- ❶ 〜っけ
- ❷ 〜らしい
- ❸ たいした
- ❹ 〜てみる
- ❺ 気に入る

第12課　コンピューター　148

1. ～される
2. ～にする
3. ～になる
4. どれどれ
5. 元どおり

インターネット　154

1. ～だって
2. ～に関係なく
3. すごく
4. 単なる
5. ないでもない

第13課　自己紹介書Ⅰ　160

1. 心がける
2. 醍醐味
3. ～ておる

自己紹介書Ⅱ　166

1. ～がきっかけで
2. 活かす

第14課　面接Ⅰ　172

1. ～がち
2. 思いきって
3. ～反面～
4. ～に励む
5. 半信半疑
6. 打ってつけ

面接Ⅱ　180
- ❶ ありきたり
- ❷ 〜うちに
- ❸ 〜であれ〜であれ
- ❹ 〜たとたん
- ❺ 〜がかり
- ❻ 人一倍

就職活動　188
- ❶ 漠然と
- ❷ 我慢強い
- ❸ なんとか
- ❹ 〜てほしい
- ❺ 〜といいね

第15課　今年の新入社員は「消せるボールペン型」194
- ❶ いったい
- ❷ 一見
- ❸ 備わっている
- ❹ のびのび
- ❺ 〜に例える
- ❻ 〜かねない
- ❼ 〜としている

最近見たニュース　200
- ❶ なんとかなる
- ❷ 確かに〜けど
- ❸ 必ずしも〜ない
- ❹ 〜じゃないかな
- ❺ いいことずくめ

第16課	恩師へのメール 206	❶ ～におかれましては
		❷ 途方に暮れる
		❸ 携わる
		❹ 何もかも
		❺ くれぐれも
	友人に送るEメール 212	❶ なんと
		❷ たまに
		❸ わけではない
		❹ スタイル
		❺ とりあえず
第17課	取引先訪問 218	❶ お取り次ぎ
		❷ ご足労
		❸ ひとつ
		❹ 時間をかける
	元ホームステイ先訪問 224	❶ わざわざ
		❷ 結局
		❸ ～ちゃった
		❹ （家に）お邪魔する
		❺ ～系
		❻ 思わぬところ

■ 해설집 232

등장인물

● 중요인물 ●

野口文子(노구치 후미코)
(대학생)

古川孝夫(후루카와 타카오)
(대학생)

イダンビ(이단비)
(대학생, 졸업 후 취업)

パクキヒョン(박기현)
(대학생)

● 그 외 ●

キムヘリ(김혜리)
(대학생)

カンミンス(강민수)
(회사원)

やました み き
山下美紀(야마시타 미키)
(고등학생)

あお き え り
青木絵里(아오키 에리)
(일본어교사)

おかむらけん
岡村健(오카무라 켄)
(화장품회사 회사원)

た なかじゅんいち
田中 純 一(타나카 준이치)
(신혼-유카 남편, IT회사회사원)

た なかゆ か
田中由香(타나카 유카)
(신혼-준이치 아내)

第 1 部　基礎編

第1課

空港 (くうこう)

정중체

カウンター係員	パスポートをお願いします。
パクキヒョン	はい。
カウンター係員	ありがとうございます。お預けになる荷物がございましたら、こちらにお載せ下さい。
パクキヒョン	はい。あ、中に壊れやすいものが入っていますので、気をつけて下さい。
カウンター係員	中身は何ですか。
パクキヒョン	お酒です。
カウンター係員	梱包はきちんとできていますか。
パクキヒョン	はい、一応してありますが…。

カウンター係員	万一、破損した場合にはこちらで責任は負えませんがよろしいでしょうか。
パクキヒョン	はい。大丈夫です。ところでこのかばんは、機内に持ち込めますか。
カウンター係員	そのサイズでしたら、大丈夫ですよ。お席は通路側と窓側とどちらがよろしいですか。
パクキヒョン	通路側でお願いします。それから、できるだけ前の方の席がいいのですが…。
カウンター係員	はい。では、前から5列目の通路側でお席をお取りいたしました。
パクキヒョン	ありがとうございます。
カウンター係員	出発時刻は13時50分ですが、搭乗は出発の30分前からです。 また出発時刻の10分前になりますと、搭乗を締め切らせていただきますのでご注意ください。

パクキヒョン	はい、わかりました。
カウンター係員	では、お気をつけて行ってらっしゃいませ！

> **単語**
>
> 載せる 놓다, 얹다　中身 내용　梱包 포장　破損 파손　責任を負う 책임을 지다　機内 기내
> 持ち込む 반입하다　通路側 통로 측　窓側 창가　～列目 ～열(줄)째　搭乗 탑승　締め切る 마감하다

ポイントチェック①

1 一応　　우선, 일단

충분하지는 않지만 만일을 위해서 대략적인 것을 나타낼 때 쓰인다.

- 山登りの準備は一応できた。
- 私の家は一応高台にあるので、海が見えます。
- 一応、上司の耳にも入れておきます。
- なにかあるといけないから、一応、スペアキーを渡しておきます。

2 万一　　만일, 만약

화자가 사태 실현 가능성은 낮으나 만일의 경우를 가정하여 쓰이는 표현.

- 万一を考えて、予備の食糧を用意しておいた。
- 万一、お気に召さない場合は返品が可能です。
- 私の身に万一のことがあれば、この情報は直ちに新聞社の手に渡ることになっています。
- 各校が設けた緊急対応マニュアルや行動手順もチェックし、万一の備えを強化します。

3 できるだけ　가능한 한

할 수 있는 범위의 모든 것을 힘닿는 대로 하겠다는 화자의 생각을 나타낸다.

- できるだけたくさんの人を集めてください。
- 体のためにできるだけ新鮮な野菜を取るようにしています。
- スピーチをする時、専門用語はできるだけ簡単にわかりやすく説明する方がいい。
- 自分たちで考えたプランをできるだけ整理し、客観化することが重要です。

4 お/ご〜いたす　〜을 하다

「いたす」는 「する」의 겸양 표현으로 「お/ご+ます형+いたす」, 「お/ご+한자어+いたす」와 같은 형식을 이룬다.

- 私たちがお手伝いいたします。
- 重そうですね。お持ちいたしましょうか。
- ただ今から、こちらの作品をご紹介いたします。
- 詳しいことは後ほどご説明いたします。

5 〜させていただく　〜하겠습니다

화자가 상대에게 정중한 허가·의뢰를 구하는 기분을 나타내는 겸양 표현이다. 반대로 상대의 의향을 고려하지 않고 화자가 일방적으로 선언을 하는 경우에도 쓰여진다.

- お先に失礼させていただきます。
- その仕事、私にやらせていただけませんか。
- 今回もまた、びっくりするような出来事がありましたので、報告させていただきます。
- 課長、2階の会議室を使わせていただいてもよろしいでしょうか。

6 お/ご～ください　～해 주세요

타인에게 의뢰할 때 쓰이는 존경표현으로 「お+동사ます형+ください」, 「ご+명사+ください」로 이루어진다.

- 車内での携帯電話のご利用はご遠慮ください。
- 日時・場所など詳しくはお問い合わせください。
- 新商品ですので、どうぞお試しください。
- 段差がございます。お足元にお気をつけください。

単語

高台 주위보다 약간 높은 곳　上司 상사　耳に入れる 남에게 알리다　スペアキー 예비 열쇠
お気に召す 마음에 들다　手に渡る (다른 사람에게) 넘어가다　設ける 마련하다, 설치하다　緊急 긴급　マニュアル 매뉴얼　チェック 체크　備え 준비, 대비　プラン 계획　遠慮 사양함
お問い合わせ 문의　段差 높낮이의 차　足元 발밑

免税店
めんぜいてん

친밀체

田中 純一（たなかじゅんいち）　出国審査、思ったより時間かかったねえ。

田中 由香（たなかゆか）　それより手荷物検査場にあんなに人が並んでいるとは思わなかったわ。

私、免税店でのショッピングをとても楽しみにしていたから、イライラしちゃった。

田中 純一（たなかじゅんいち）　ここでのショッピングが海外旅行の楽しみのうちの一つだろうね。特に女性にとってはね。

田中 由香（たなかゆか）　さすが！ よくわかってるわね。

田中 純一（たなかじゅんいち）　海外高級ブティックから化粧品、酒類、韓国のりとか定番のお土産まで何でも揃ってるんだし。女性が嫌いなわけがないじゃん。しかも化粧品やタバコは

	免税店で買う方が断然安いよ。
田中由香	そうだよね。友達にもお土産買って行こうっと。
田中純一	まずどこから見ようか。
	僕はベルトと時計が見たいんだよね。
田中由香	え、やだぁ。先にコスメティック売り場から行こうよ。
田中純一	あ、ちょっと待って。僕、免税店のカード持って来たかなあ。
田中由香	え？何、それ？
田中純一	あそこの案内デスクで申し込んだら、その場でカードを発行してくれるはずだよ。
	それに、商品の割引もしてもらえるからあった方がお得なんだよ。

・・・

田中由香	私たちいっぱい買ったねえ。
	ちょっと買いすぎちゃったかも。
田中純一	免税範囲ぎりぎりだよね。でもたまにはいいじゃん。自分達へのご褒美だよ。
田中由香	そうだよね。あ、もうこんな時間だ。そろそろ搭乗口の方に移動した方がいいんじゃない？
田中純一	僕、インターネットでも注文しておいたから、引渡

　　　　　　しカウンターにも寄らなきゃいけないの忘れてた。

田中由香　私は両替もしたいんだけど、時間あるかなあ。

田中純一　遅れたら大変だよ。じゃ、早く！

単語

出国審査 출국심사　手荷物検査 수하물 검사　免税店 면세점　イライラする 초조해하다　揃う 갖추어지다, 모이다　発行する 발행하다　割引 할인　お得だ 이익이다　褒美 포상　そろそろ 이제 슬슬　引渡しカウンター 물건을 찾는 곳　寄る 들리다　両替 환전

ポイントチェック②

1 定番　잘 팔리는 상품

유행에 관계없이 일정한 수요를 유지하고 있는 상품.

- この店の定番メニューはカツ丼だ。
- 母の日のプレゼントはカーネーションが定番だ。
- 今年の夏も定番のストライプ柄が役に立ちそうだ。
- スーパーやコンビニのおつまみ売り場には、定番商品が並んでいます。

2 しかも　게다가

어떤 일에 다른 일을 부가할 경우에 사용되는 첨가 표현.

- 新製品のスニーカーは防水で、しかも履き心地もいいらしい。
- 携帯電話はどこでもメール確認ができる。しかもゲームもできるので手放せない。
- 人と人のふれあいがあり、しかも安い料理とおいしい酒が飲める飲食施設をつくろうと考えました。
- 初めての仕事は、成功するかどうかも分からず、しかも、能率が悪くて時間がかかる傾向にあります。

3 断然　단연

화자가 확실히 단정할 만한 강한 확신을 가지고 자신의 의사·태도 등을 나타낼 때 쓰인다.

- 疲れた時に食べるなら、断然サムゲタンだ。
- 音楽を聴くならＣＤよりライブの方が断然盛り上がる。

- デジタルカメラより、撮ってすぐ送れるスマートフォンの方が断然便利だ。
- 太陽から受け取るエネルギーより地球の放出するエネルギーの方が断然多いです。

4　～(よ)うっと

화자의 결심을 나타내는 의지가 함축되어 있다.
- さあ、今日も一日頑張ろうっと。
- もうこんな時間だ。そろそろ寝ようっと。
- 明日は実家に行ってのんびりしてこようっと。
- 今日は家にこもってお出かけしないことにしようっと。

5　ぎりぎり　아슬아슬, 빠듯빠듯함

그 이상의 여지가 없어 초조한 모양.
- 法律に触れるか触れないかのぎりぎりの行為だ。
- 山本さんはいつも締め切りぎりぎりで課題を提出する。
- この車は、大人4人がぎりぎり乗れるか乗れないかの小さな車だ。
- 仕事がら、自分の体のことはぎりぎりまでがまんして、無理を重ねていたのでしょう。

単語

役に立つ 도움이 되다　おつまみ 술안주　スニーカー 스니커즈　防水 방수　履き心地 (구두의)착용감　メール 메일　手放す 손에서 놓다　ふれあい 접촉, 맞닿음　施設 시설　能率 능률　傾向 경향　盛り上がる (기세, 흥 따위가) 높아지다　エネルギー 에너지　放出 방출　のんびり 한가로이　こもる 틀어박히다　法律に触れる 법에 저촉되다　提出 제출　無理を重ねる 무리를 거듭하다

自由に話しましょう

1. 旅行に行くとき、必ず持って行くものがありますか。
   持って行くと便利なものは何ですか。

2. 外国人への韓国土産、何が喜ばれるでしょうか。
   西洋人なら? アジア人なら?

3. 今までもらって嬉しかったお土産は何ですか。

4. 自家用車・バスなどの車の旅、電車の旅、飛行機の旅、船の旅、どれが一番好きですか。またそれぞれの長所、短所は?

5. 格安航空会社の良いところと、良くないところについて話しましょう。

第2課

郵便局
ゆうびんきょく

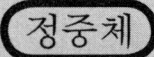 정중체

自動音声	受け付け番号125番の番号札でお待ちのお客様、3番の窓口までお越しください。

....

野口文子	すみません。これを韓国に送りたいのですが。
郵便局員	何が入っていますか。
野口文子	本とお菓子です。
郵便局員	瓶などの壊れやすい物は入っていないでしょうか。
野口文子	はい。ありません。
郵便局員	船便、航空便、EMSがありますが、どのようになさいますか。

野口文子	値段はどれくらい違いますか。
郵便局員	少々お待ちください。 この重さで韓国ですと、船便だと4,300円、航空便だと7,550円、EMSだと10,500円です。
野口文子	EMSというのは何ですか。
郵便局員	国際スピード郵便です。早く確実に届けたい物でしたら、こちらがよろしいかと。韓国には5日くらいで届きます。
野口文子	でも、高いですね。航空便だと何日くらいかかりますか。
郵便局員	1週間くらいです。
野口文子	船便は遅いのですか。
郵便局員	船便でも早く着くことがありますが、1か月くらいかかることもあります。お急ぎでなければ、船便でもいいかもしれませんね。
野口文子	韓国はすぐ隣りで、船でも数時間で行けるのに、なぜそんなに長くかかるんですか。
郵便局員	ちょうど良いタイミングでコンテナに積まれると、すぐに韓国に送られます。しかし、そうでなければ、荷物が送られるまでしばらく待つことがあります。
野口文子	そうなんですか。では、急がないので、船便でお願いします。

郵便局員　　　はい。それでは、こちらの紙に宛て先を記入してください。

単語

番号札 번호표　窓口 창구　船便 배편　航空便 항공편　EMS 국제 속달 우편　タイミング 타이밍　コンテナ 컨테이너

✓ ポイントチェック①

1 なさる　하시다

「する」,「なす」의 존경어로 「なさいます」로 활용된다.

- 今度の土曜日は何をなさいますか。
- 次の打ち合わせにご出席なさいますか。
- お仕事は何をなさっているんですか。
- どうぞごゆっくりなさってくださいね。

「お/ご+동사 ます형」,「한자명사+なさる」형으로도 이용된다.

お引き留めなさいました。

ご連絡なさった方がいいでしょう。

2 ～だと　～면

어떤 일(사항)이 조건이 되어 그 결과로서 뒤에 오는 상황이 일어나는 것을 나타낸다. 자연현상과 기계 조작과 습관적인 설명에 사용되는 경우가 많다.

- 車で10分だと、徒歩で何分くらいかかりますか。
- この調子だと年内は無理でしょう。
- この重さだと、荷物の超過料金を取られるかもしれないね。
- 睡眠時間がどれくらいだと「寝不足」だと感じますか。

3　〜でもいい　〜라도 괜찮다, 상관없다

화자의 의견·요구·희망·사실을 제시하거나 허용·허가의 범위를 나타난다.

- 保険金の受取人は誰でもいいのですか。
- 低賃金でもいいから、幼い頃から夢見た仕事を一度してみたいです。
- 冷蔵庫は頻繁に買い替えないので、置き場所に余裕があれば大きいものでもいいと思います。
- ただ単にメモ程度に書くのではなく、下手でもいいから絵を入れてみてください。

4　のに　은/는 데도, 인데도

예상 외의 사실이나 놀라움 등 화자의 생각을 나타낼 때 쓰인다.

- 自分に落ち度はないのに、自分のせいにされてしまうことがあります。
- 頑張っているのになかなか成果がでません。
- 彼女、美人なのにどうして結婚できないんでしょうね。
- まだ開店時間30分前なのに、もう店の前に行列ができている。

単語

打ち合わせ 협의　ご連絡 연락　徒歩 도보　超過 초과　寝不足 수면 부족　受取人 수취인
賃金 임금　夢見る 꿈꾸다　頻繁 빈번　余裕 여유　落ち度 실수　なかなか 좀처럼　成果 성과　行列 행렬

電話で会話

친밀체

イダンビ	あ、もしもし。ダンビだけど。
古川孝夫	ああ、ダンビ? どうしたの? 急に。
イダンビ	来週の発表は、私たちが3番目だったよね。発表するときの分担はどうする?
古川孝夫	僕が実験の目的と方法を発表するから、ダンビが結果と考察を発表してくれない?
イダンビ	えー、しょうがないなあ、もう。考察部分はこの前、話し合ったことをまとめたものでいいんでしょ?
古川孝夫	そうだね、あれでいいと思うよ。
イダンビ	あっ、そういえば結果を今、チェックしてたんだけど、1つグラフが足りないみたい。孝夫のところにある?
古川孝夫	えっ、どのデータ?

イダンビ	実験3の観察データのグラフ。悪いけど、メールで送ってくれない?
古川孝夫	USBに保存したはずだから、今、送るよ。ちょっと待って。
イダンビ	うん、わかった。
古川孝夫	あれ、どこだろう。えーっと、こっちのフォルダーかなぁ。あー、ちょっと時間がかかるかもしれない。
イダンビ	いいよ。先に考察部分をまとめてるから。
古川孝夫	じゃあ、みつかったらすぐ送るよ。
イダンビ	うん。お願い。ありがとう。

単語

発表 발표 分担 분담 実験 실험 目的 목적 方法 방법 結果 결과 考察 고찰 まとめる 정리하다 グラフ 그래프 データ 데이터 観察 관찰 保存 보존 フォルダー 폴더

ポイントチェック②

1 しょうがない(しかたがない)　어쩔 수 없다

화자의 기대되는 감정 또는 어떤 상황에서 멈출 수 없는 경우에도 쓰인다.

- 仕事が面白くてしょうがないです。
- なんだか日中眠くてしょうがないです。
- 遠くにいる娘に会いたくてしょうがない。
- 誰かに昨夜あったことを、聞いてもらいたくてしょうがない。

2 先に　먼저, 우선

- 先に行っていいよ。
- 急いで行きますから、先に始めていてください。
- ダイエットしてるなら、先にサラダから食べた方がいいよ。
- 読解の問題を解く時は、先に全部設問を読んでから、本文を読みます。

単語

日中 낮, 주간　読解 독해　解く 풀다　設問 설문

自由に話しましょう

1．最近、郵便局に行きましたか。どんな用事でしたか。

2．郵便物を受け取ることが多いですか。それとも、送ることが多いですか。どんな物を受け取ったり送ったりしますか。

3．郵便局と聞いて思いつくものをできるだけたくさん挙げてください。

4．郵便局にどんなサービスがあればいいと思いますか。

5．郵便と宅急便のどちらをよく使いますか。理由も言いましょう。

6．何の授業でどんな発表をしましたか。友達と一緒に発表の準備をする時、どのように分担しますか。

第3課

정중체

アルバイト

店員	お電話ありがとうございます。「ドラッグひかり東京駅前店」でございます。
キムヘリ	もしもし、アルバイト募集の雑誌シティージョブを見てお電話しているんですが、 担当の長井様はいらっしゃいますか。
店員	私が長井ですが。
キムヘリ	あ、はじめまして。私(わたくし)、千代田(ちよだ)大学のキムヘリと申します。まだアルバイトは募集していらっしゃいますか。
店員	ええ。募集中ですよ。
キムヘリ	あのう、私、未経験者なんですが、大丈夫でしょうか。
店員	もちろんですよ。失礼ですが、お国はどちらですか。
キムヘリ	韓国です。
店員	そうですか。
キムヘリ	平日の勤務時間はどうなりますか。

店員	平日だと、午後3時から11時の間になります。
キムヘリ	ええと。大学の授業があるので、6時頃からがいいんですが。
店員	それでも大丈夫ですよ。いつからできますか。
キムヘリ	できれば、来週から始めたいと思っております。
店員	では、早速、あさっての木曜日、面接をしたいのですが、3時頃に来られますか。
キムヘリ	すみません。その日は授業がありますので、他の日にしていただけないでしょうか。
店員	でしたら、土曜日はいかがですか。
キムヘリ	はい。土曜日の3時にお伺いします。
店員	いらっしゃる時、履歴書を持って来てくださいね。お待ちしております。
キムヘリ	わかりました。お忙しいところ、時間を割いていただいてありがとうございました。失礼します。

単語
募集中 모집중　未経験者 미경험자　勤務時間 근무시간　伺う 찾다, 방문하다의 겸양어　履歴書 이력서

✅ ポイントチェック①

1 申す/おる　말하다/있다

「申す」는 「言う」, 「おる」는 「いる」의 격식 차린 정중한 표현으로 사용된다. 동작의 대상에 대한 「言う」의 겸양어는 「申す」가 아닌 「申し上げる」로 표현된다.

- インチョンから参りましたパクと申します。
- さきほど申し上げたように、午前中はおりませんので、午後に面接をしましょう。
- 毎日、夕方6時までは事務所におります。
- 祖父母はプサンにおります。

2 ～ていただいて　～해 주셔서

화자가 상대방 호의에 깊이 감사를 드리거나, 송구스런 마음을 담아 나타낼 때 사용되는 표현.

- いつも、優しく励ましていただいて、ありがとうございます。
- 電話の取り次ぎばかりしていただいて、申し訳ありません。
- 親切に教えていただいて、本当にありがとうございました。
- そんなに褒めていただいて、恐縮です。

3　～でしたら/～ましたら　～(이)라면/~다면

「たら」의 격식을 차린 표현.

- そういうことでしたら、我が社にお任せください。
- お客様がそんな風におっしゃるのでしたら、私も申し上げる言葉がありません。
- ご質問がございましたら、答えられる範囲でお答えさせていただきたいと思います。
- そうしましたら、お会計は全部で15,000円でございます。

4　時間を割く　시간을 할애하다

'어떤 일을 위하여 시간을 내다'의 의미.

- わざわざ時間を割いてやったのに、相手が遅刻してきた。
- 山本さんは、仕事が好きで、恋愛に時間を割くのはもったいないと思うタイプだ。
- 2時間の講演の後に、かなりの時間を割いて質疑応答を行いました。
- 参加者が実際に体験することに主眼をおいているので、知識の整理にはあまり時間を割いていません。

単語

さきほど 아까　事務所(じむしょ) 사무소　励(はげ)ます 격려하다　取(と)り次(つ)ぎ 연결　恐縮(きょうしゅく) 죄송하다　我(わ)が社(しゃ) 우리 회사　(お)会計(かいけい) 계산　もったいない 아깝다, 과분하다　タイプ 타입　質疑応答(しつぎおうとう) 질의응답　主眼(しゅがん) 주안

ワーキングホリデー

パクキヒョン	文子は日本にいた時、アルバイトしてた?
野口文子	うん。どうしたの? いきなり。
パクキヒョン	実は、来年ワーキングホリデーで1年間日本に行ってみようと思ってるんだ。
野口文子	なるほどね。最近、ワーホリ行く人多いよね。
パクキヒョン	僕まだ一度もバイトをしたことがないんだけど、日本でしたいなと思ってて。
野口文子	私は居酒屋と家庭教師のバイトしてたよ。
パクキヒョン	居酒屋はどうだった?
野口文子	店長がまかないを作ってくれたり、終わってからバイト仲間と飲みに行ったりして楽しかったよ。週末はお客さんが多くて、大変だったけどね。
パクキヒョン	まかないを作ってくれるのはありがたいね。時給はいくらぐらい?

野口文子	850円だったよ。まあ、普通かな。
パクキヒョン	やっぱり韓国よりも高いんだね。家庭教師の方は?
野口文子	準備は大変だけど、やりがいがあったよ。時給も1,500円って良かったから、留学から帰ったらまたしようと思ってる。
パクキヒョン	僕も教えるバイトしてみたいなあ。
野口文子	最近、韓国語勉強してる人が増えてるから、韓国語を教えてみたら? 需要あると思うよ。
パクキヒョン	本当? それはうれしいなあ。
野口文子	ネットで外国語を教えるっていうバイトも多いみたいだよ。
パクキヒョン	自宅にいながらできるのはいいね!

単語

ワーキングホリデー (청년에 한해, 문화 등을 익히게 하는) 장기 해외여행제도　ワーホリ 워킹홀리데이의 줄임 말로 '워홀'　居酒屋 선술집　家庭教師 과외 교사　バイト仲間 알바 동료　まかない (식사 준비 등) 시중을 듦　ありがたい 고맙다　時給 시급　ネット 인터넷

ポイントチェック②

1 なるほど　정말, 과연

화자의 말에 동의하거나 납득하는 기분을 나타내는 표현.

- なるほど！ そういうことですか。
- なるほど、君の言う通りだね。僕もそう思うよ。
- あれからずっとお酒を飲んでたの？ なるほど、それで今日顔色が悪かったんだね。
- 先生の解説はわかりやすいので、学生たちが「なるほど」と納得できる。

2 やっぱり　역시

- やっぱり、私が思ったとおりだ。店が閉まっている。
- 喧嘩しちゃったけど、やっぱり彼のことが好きなの。
- 2月だというのに異常な暖かさで驚きます。やっぱり何か変です。
- やっぱり、母の手料理が一番だよね。

3　〜たら？　〜면 좋겠다

화자가 상대방에게 권유·제안·명령 등을 나타내는 완곡한 표현으로 문말의 인터네이션을 상승조로 한다.

- 今日は会社休んで病院に行ったら？
- 一度、彼に気持ちを伝えてみたら？
- 時間があるなら、あそこにも寄ってみたら？
- もうちょっと待ってみたら？

4　〜ながら　〜하면서, 하면서도

두 동작이 동시에 행해지거나 서로 상응하지 않는 사항이 공존하는 뜻을 나타낸다.

- 音楽を聞きながらドライブすると気持ちいいですよ。
- アルバイトをしながら大学に通うのは大変だ。
- よくないとわかっていながらついつい歩いている時もメールを打ってしまう。
- ダイエットをすると言いながら彼女は今日もケーキを食べている。

> 동작동사(見る, 食べる, 歩く 등)에 붙는 것은 동시병행을 나타내며, 상태동사(ある, いる, 分かる, 要る와 명사, 형용사, 동사ない형)에 붙는 것은 역설 표현을 나타낸다.

5 やりがい　보람, 할 만한 가치

어떤 일을 한 뒤에 좋은 결과나 가치, 만족감이 있는 뿌듯한 느낌.

- やりがいのある分野で働きたいです。
- あなたにとってやりがいがあることって何ですか。
- うちの会社は、仕事は厳しいけど、やりがいがあります。
- 育児は大変だが、子どもの成長を見るとやりがいを感じる。

6 さっそく(早速)　즉시, 바로

- 今日習った言葉をさっそく日本人の友達に使ってみた。
- 日本語の無料講座があると聞いて、さっそく申し込んだ。
- 参加者は珍しい植物を見つけると、さっそく熱心にメモを取っていた。
- 早速のお返事、ありがとうございます。

単語

言う通り 말한 대로　顔色 안색　解説 해설　納得 납득　喧嘩 싸움　異常 이상　手料理 손수 만든 요리　ついつい 무의식중에　メールを打つ 메일을 쓰다　分野 분야　育児 육아　講座 강좌　珍しい 드물다　熱心 열심　メモを取る 메모를 하다

自由に話しましょう

1. アルバイトをしたことがありますか。
   なければどんなアルバイトをしてみたいですか。

2. ワーキングホリデーに行くならどの国に行きたいですか。
   また、何をしたいですか。

3. どんなアルバイトが学生にふさわしいと思いますか。

4. 学生の時にアルバイトをすることの長所と短所は何ですか。

5. アルバイトの面接に行くと仮定して、どうしてそのアルバイトをしたいのか理由を具体的に言ってみましょう。

第4課

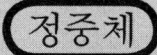

高齢化社会(こうれいかしゃかい)

青木絵里(あおきえり) カンさん、こんにちは。
この町にも少しは慣れましたか。

カンミンス はい、おかげさまで。引っ越してきて間もない時は、大変でしたけど、今ではだいぶ道も覚えましたし…。

青木絵里 そうですか、何か困ったことがあればいつでもおっしゃってくださいね。

カンミンス ありがとうございます。親切な方が多いですし、のどかでとても暮らしやすいです。
それにお年寄りが多いなあという印象を受けました。
さすが長寿国ですね。

青木絵里 でも、長寿国も裏を返せば、高齢化社会ですから…。

	一昔前はもっと若い世代が多かったんですけどね。
カンミンス	確かに子供が少ないですよね。うちの娘が今年から小学生で、このまえ学校に入学手続きに行ってきたんですが、1クラス25人だそうです。 私が小学生の頃は40人ぐらいだったものですから、びっくりしてしまいました。
青木絵里	へえ、今ではそんなに少ないんですね。 うちは息子が二人いますけど、もうとっくに社会に出ていますから…。
カンミンス	高齢化だけでなく、少子化問題も気になりますね。
青木絵里	韓国はどうですか。
カンミンス	同じ問題を抱えていますよ。
青木絵里	とても教育熱が高いと聞きましたが…。
カンミンス	そうなんですよ。「ウチはウチだ」と思っていましたが、やっぱりねえ、よその子があれこれと塾に通いだすと、どうしても気になってしまって。
青木絵里	そうでしょうねえ。わかりますよ、その気持ち。 子供は小さくても、塾にかかる費用はばかにならないでしょう。

カン・ミンス　はい。新婚当時は「子だくさん」が夢だったんですけど、娘一人で精いっぱいですよ。

単語

間もない時 얼마 안되었을 때　困る 곤란하다　お年寄り 노인　印象を受ける 인상을 받다
長寿国 장수 국가　高齢化社会 고령화 사회　一昔前 (10년 정도)한 옛날　入学手続き 입학 수속　少子化問題 저출산 문제　気になる 마음에 걸리다　抱える (문제 등을) 안다　教育熱 교육열　当時 당시　精いっぱいだ 힘껏 이다, 고작이다

✅ ポイントチェック①

1 のどか　화창한, 한가로운

마음이 편안하고 한가로운 모양이나 날씨가 화창한 모양.

- まるで時間が止まったかのようなのどかな風景です。
- 父は定年退職し、のどかな日々を送っている。
- 池にボートが浮かんでいる、のどかないい公園です。
- 田畑が多くて、人も少ないし、のどかなところだねえ。

2 さすが　과연

평판이나 기대했던 대로 사실이 확인되어 새삼 감탄하는 모양.

「〜だけに」, 「〜だけあって」와 호응하며 앞 문장의 사실이나, 이유를 강조하는 표현으로 자주 이용된다.

- さすが有名な歌手だけあって、公演会場は観客でいっぱいだ。
- こんな希少な物まで持っているとは、さすが収集家だ。
- さすがのチャンピオンもけがには勝てなかったようで、今年ボクシングを引退するらしい。
- 深夜1時頃に帰宅した時はさすがにこれはマズイよね…と顔がひきつりました。

3 裏を返せば　뒤집어 생각하면

'반대의 입장에서 생각해 보면' 또는 '진실을 말하면'의 의미로 사용된다.

- 彼は真面目だが裏を返せば融通が利かないとも言える。
- 好奇心旺盛といえば聞こえはいいが、裏を返せば飽きっぽいということだ。
- 彼女の言動はよくメディアで叩かれるが、裏を返せば、それだけ人気があるということだ。
- おまけがついてくるからお得というのは、裏を返せば、つけなければ安くなるでしょ、ということです。

4 とっくに　벌써, 이미

- その話ならとっくの昔に聞いたよ。
- あの本ならとっくに読んで、図書館に返したよ。
- オーダーしたコーヒーは、とっくに冷めきってしまった。
- 普段ならとっくに眠っている時間なのに、今晩は目が冴えています。

5　ばかにならない　무시할 수 없다

적당히 취급하거나 가볍게 볼 수만은 없음을 나타낸다.

- 冬の日光もばかになりません。
- 一週間、毎日コーラを飲むと摂取する砂糖はばかにならない。
- クレジットカードのポイントも忘れずに貯めれば、ばかにならない。
- 暑いからって、毎日エアコンをつけていたら、光熱費がばかにならない。

単語

(日々を)送る (나날을) 보내다　浮かぶ 뜨다　公演会場 공연회장　希少だ 희소, 드묾　収集家 수집가　マズイ 난처하다　ひきつる 굳어지다　融通が利く 융통성이 있다　好奇心旺盛 호기심 왕성　飽きっぽい 금방 싫증을 내다　メディア 미디어, 매체　叩く 비난하다　おまけ 덤　オーダー 오더, 주문　冷めきる 완전히 식다　目が冴える 정신이 말똥말똥해지다　日光 햇빛　砂糖 설탕　クレジットカード 신용 카드　光熱費 광열비

リサイクル

古川孝夫 え!?　まさかそれ全部、捨てる気?

イダンビ うん、だってもう飽きちゃって。

古川孝夫 まだまだ新しくてきれいなのに、もったいないよ。買ったお店に持って行って、リユースとかリサイクルしてもらえば?

イダンビ リユース? リサイクル?

古川孝夫 そのブランドは、不要になった商品を回収してるよ。それで、まだ着られるものは世界中の難民や避難民の人たちに送るんだ。

イダンビ へえ、そうすると人の役にも立つね。

古川孝夫 それから、傷んでしまって、もう着れそうにないもの

	は、工業用繊維などにリサイクルしてるんだって。僕は結構、こういうことに関心があるんだ。リサイクルとか、エコとか。
イダンビ	何かしてるの?
古川孝夫	まだ小さなことしかできないけど、紙コップを使わないで済むように、必ずマイコップを持ち歩いてるんだ。それからスーパーに行く時はエコバッグを持って行くよ。
イダンビ	韓国はスーパーに段ボール箱が用意されてるから、結構それで済ませちゃうことが多いんだよね。
古川孝夫	ああ、そうなんだ。日本ではエコバッグの持参率が結構高いよ。 それに、環境保全のためにできることって、意外と身近にあるよ。
イダンビ	そうだね。家に居ても、節電や節水、それに生ごみを減らすとか…心がけ次第だね。
古川孝夫	そうそう、水道水を5秒、流しっ放しにしただけで1リットルも無駄に流れていくらしいよ。

イダンビ　　ええ！ そんなことを聞いたら、無駄なことはできないね。これからは気をつけるよ。

単語

リユース 재사용　リサイクル 재활용　不要(ふよう) 불필요　回収(かいしゅう) 회수　難民(なんみん) 난민　避難民(ひなんみん) 피난민　傷(いた)む 낡다　工業用繊維(こうぎょうようせんい) 공업용 섬유　エコ 친환경　エコバッグ 친환경 가방　段(だん)ボール箱(ばこ) 골판지 상자　済(す)ませる 마치다, 해결하다　持参率(じさんりつ) 지참율　環境保全(かんきょうほぜん) 환경 보전　意外(いがい) 의외　身(み)近(ぢか) 신변　節電(せつでん) 절전　節水(せっすい) 절수　生(なま)ごみ 음식 쓰레기　心(こころ)がけ 마음가짐　無駄(むだ) 낭비

ポイントチェック②

1 ~そうにない　~할 기미가 없다

어떤 동작이 행해질 가능성이 적은 판단이나 전망을 나타내는 의미로 사용된다.

강조를 나타내는 조사 「も」를 넣어 「~そうにもない」를 사용해도 의미상 차이는 없다.

- この調子だと明日までに間に合いそうにもない。
- このペースだと、締め切りまでに提出できそうにない。
- さすがにこれ以上は私の精神力が持ちそうにないです。
- 高校3年生だというのに、息子はなかなか受験勉強をしそうにない。

2 ~ないで済む　~하지 않고 해결되다

원하지 않는 사태는 '하지 않아도 좋다'는 의미.

- とにかく平常心で考えることが間違った結論を出さないで済む秘訣です。
- パソコンが壊れて新しい物を探していたら、友達が譲ってくれたので買わないで済んだ。
- 家庭菜園で野菜を育てて食べているので、農薬の心配をしないで済んでいる。

【第4課】リサイクル

- 打ち合わせスペースは、プライベートな空間を通らないで済むような場所にする配慮が必要です。

3 ～放し   ～한 채로 내버려두다

좋지 않은 상태가 지속되고 있는 것을 방임 또는 방치하고 있음을 나타낸다.

- 昨日はどうしたの？ テレビはつけっ放し、窓は開けっ放しで寝てたわよ。
- 主人に服を脱ぎっぱなしにするなと何度言っても直らない。
- 彼は食べ終わったお皿はいつもテーブルの上に置きっ放しにする。
- 使った物は出しっぱなしにしないで、すぐに片付けなさい。

単語

ペース 페이스, 일의 진행도   平常心(へいじょうしん) 평상시대로 평정을 유지한 마음   (結論を)出す(けつろんを だす) (결론을) 내다   秘訣(ひけつ) 비결   譲る(ゆずる) 물려주다, 양도하다   菜園(さいえん) 채원, 채소밭   農薬(のうやく) 농약   スペース 스페이스, 공간   配慮(はいりょ) 배려   片付ける(かたづける) 정리하다

自由に話しましょう

1．あなたが気になる社会問題について話してみましょう。

2．何歳くらいまで生きたいですか。またその理由は何ですか。

3．少子化についてどう思いますか。

4．あなたが普段行なっているリサイクルは何ですか。

5．地球のために私たちがすべきことにはどんなことがあるでしょうか。

第5課

レストラン

정중체

店員	お電話ありがとうございます。「レストラン桜」でございます。
古川孝夫	あの、予約をお願いしたいのですが。
店員	はい、承っております。何名様ですか。
古川孝夫	二人で、来週の金曜日の12時にお願いしたいのですが。
店員	では、お料理はどうなさいますか。
古川孝夫	韓国人の口にも合うものが良いのですが…。
店員	もう御一方は韓国の方でございますか。
古川孝夫	そうなんです。
店員	お連れ様が女性でしたら、「食前酒とワゴンデザート付きのランチコース」や、旬の食材で本格的な味わい

	を満喫できる「創作和食のコース」などがおすすめでございます。
古川孝夫	デザートまで楽しめるランチコースが良さそうですね。そちらにします。
店員	かしこまりました。お名前をお願いします。
古川孝夫	古川です。
店員	古川様ですね。では、御来店をお待ちしております。

··

キムヘリ	うわあ、古川さん。すばらしいレストランですね！
古川孝夫	気に入ってもらえましたか。 私も初めてのお店なので少し心配していたのですが、おしゃれだし明るい雰囲気で良かったです。
キムヘリ	あ、お料理がでてきましたよ。美味しそう。盛り付けもきれいですね。こんないいお店に連れて来てくださってありがとうございます！
古川孝夫	今日はヘリさんのお誕生日ですよね。だから、おもてなししたかったんです。
キムヘリ	ええ！ まさか私の誕生日を覚えてくださっていたなんて！

古川孝夫	今日は、ゆっくりと美味しい食事を楽しみましょう。食後にはワゴンデザートも付いていますから、お好きなものを選べますよ。
キムヘリ	やっぱり、みんなデザートに目がないですよね。

単語

お連れ様(つれさま) 동행한 분　旬(しゅん) (야채, 과일, 어패 등) 제철　味(あじ)わい 풍미　満喫(まんきつ)する 만끽하다　創作和食(そうさくわしょく) 퓨전 일식 요리　気(き)に入(い)る 마음에 들다　雰囲気(ふんいき) 분위기　盛(も)り付(つ)け (음식을) 보기좋게 담음　おもてなし 대접

ポイントチェック①

1 承る　(삼가) 듣다, 받다, 승낙하다

「聞く」, 「引き受ける」, 「承諾する」의 겸양어로 윗사람에게 명령 등을 '삼가 듣고, 받다'의 의미.

- 長期ご利用の場合、格安料金にて承ります。
- この度は身に余る大役を承りました。
- お問い合わせは、電話番号0120-1234-5678にて承ります。
- 長年にわたって審議会、学識経験者その他の方々の意見を承りました。

2 口に合う　입에 맞다

- スペイン料理には米を使ったものがあって、日本人の口にも合う。
- ここのレストランは外国人の口にも合うよう、工夫を凝らしている。
- 子供から老人までみんなの口に合う料理を準備するのはなかなか大変だ。
- 先週私もいただいたのですが生麺は硬くて口に合いませんでした。

3 ～付き ～에 딸린, 부착된

명사 뒤에 붙어 그것의 상태·모습·부속하고 있는 것, 역할을 수행하고 있는 것 등을 나타낸다.

- プール付きの家に住むなんて、夢のまた夢だ。
- この商品は3年保証付きだ。
- 日本には、家具やテレビ付きの一人暮らしの部屋はあまりない。
- 登録には、印鑑と運転免許証等の官公署が発行した顔写真付きの身分証明書が必要です。

4 まさか～なんて 설마~하다니

현재의 사실, 또는 이미 일어난 사실에 대해 부정의 추량을 강하게 나타내며 뒤에 부정이나 반어 표현을 동반한다.

- まさか宝くじに当たるなんて！
- まさか警察官が犯人だったなんて、思いもしなかった。
- まじめな山下さんがまさか会議を無断欠席するなんて。
- まさかお祝いをもらえるなんて考えてもいなかったので、どんなものをお返ししたらいいのかわかりません。

5 目がない　매우 좋아하다

사물의 좋고 나쁨을 식별하는 사리분별을 잃을 정도로 좋아함.

- 私は甘い物に目がなくて、いつもダイエットに失敗している。
- お買い物が好きでバーゲンに目がありません。
- コーヒーに目がない彼はバリスタの資格をとると言い出した。
- 彼は日本酒に目が無く、自宅にはたくさんの種類の地酒がある。

単語

格安料金 보통보다 특별히 싼 요금　身に余る 분에 넘치다　大役 대역　(長年に)わたる (오랜 세월에)걸치다, 계속되다　審議会 심의회　学識経験者 학식 경험자　工夫を凝らす 머리를 짜다　生麺 생면　夢のまた夢 실현하기 어려운 꿈　印鑑 인감　官公署 관공서　身分証明書 신분증　宝くじ 복권　無断欠席 무단결석　バーゲン 바겐세일　バリスタ 바리스타　言い出す 말을 꺼내다　地酒 토속주

食べ放題(たほうだい)

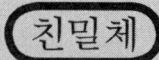

パクキヒョン	うわあ、ここはメニューが多いね。あれもこれも食べたくなっちゃうよ。
野口文子	そう言い出すと思って、この店にしたんだよ。
パクキヒョン	えっ？ ここならたくさん注文してもいいってこと？
野口文子	うん。だって食べ放題だからね。美味しいものを心ゆくまで堪能できるよ。
パクキヒョン	え、焼肉なのに？食べたいものを食べたいだけ…。最高だね！
野口文子	じゃ、早く注文しよう。何から食べようか。キヒョンは好き嫌いある？
パクキヒョン	ないない。何でも食べる。

野口文子	じゃ、とりあえず私に任せて。ここは私の行きつけの店だから、美味しいのを知ってるんだ。

・・

パクキヒョン	ふう、食べた食べた。予算を気にせず、食べられるっていいね。
野口文子	テストが終わったら、次は居酒屋で飲み放題はどう？
パクキヒョン	飲み放題？ お酒がいくらでも飲めるの？
野口文子	そうだよ、その店は個室もあるから他の友達も呼んで、盛り上がろうよ。普通は90分だけど、クーポンがあれば120分だよ。2時間あれば十分だよね。
パクキヒョン	いいね。ところで文子はお店をよく知ってるね。グルメなんだ。
野口文子	そんなグルメというほどじゃないけどね、食べ歩きが好きなの。
パクキヒョン	じゃあ、女の子が喜びそうなお店を教えて。
野口文子	もちろん。あ、もしかして彼女できた?
パクキヒョン	いや、まだ彼女というほどじゃないんだけど…。ちょっと気になる子が…。

野口文子	了解了解。じゃあ、最初は気軽にデートできるカジュアルなお店がいいかな、それとも夜景がきれいなお店でロマンチックなデートの方がいいかな。考えただけでも、ワクワクしてくるよ。
パクキヒョン	いやいや、デートするのは僕だよ。

単語

堪能（たんのう）する 실컷 하다 最高（さいこう） 최고 個室（こしつ） 내실 クーポン 쿠폰 グルメ 미식가 食（た）べ歩（ある）き (맛있는 음식을 찾아) 여기저기 돌아다님 ワクワク 설레는 모양

ポイントチェック②

1 あれもこれも　이것저것

다수의 것이 한결같은 상황에 있는 전부로 '모든 것'을 의미한다.
- 母にあれもこれもダメだと言われて、嫌になる。
- 息子は小学生になってから、あれもこれも欲しいと言い出して困ったものだ。
- 車で移動する時は、ついあれもこれもと積み込んでしまう。
- 自分のプライバシーに関わること、心の中にあることを無防備に、あれもこれもさらけ出さないようにしよう。

2 だって

화자가 이유나 변명을 할 때 쓰이는 표현.
- 今晩は早く寝なきゃ。だって明日はデートなんだもん。
- 今日くらいは贅沢しようよ。だって、クリスマスじゃない。
- そんな高価なもの買えないよ！ だって10万円だよ！
- 私、木村さんとお近づきになれて本当によかったと思っています。だって、木村さんはすごい人だから。

3 心ゆくまで　마음껏, 실컷

바라고 원하던 것을 충분하게 만족할 때까지.
- 昨夜はカラオケで心ゆくまで歌った。
- 久しぶりに海に行き、心ゆくまで泳いだ。

- 私のストレス解消法は心ゆくまで買い物することだ。
- 普段はなかなか触れる機会がないハイテクノロジーの世界を心ゆくまでお楽しみください。

4 行きつけ　단골

언제나 자주 다녀서 친숙하고 익숙한 가게.
- 行きつけの美容院の店員と仲よくなった。
- 昨夜は課長行きつけのバーに連れていってもらった。
- ひとりでふらっと寄れる行きつけの店があります。
- 芸能人行きつけの店はさすがに値段が高い。

5 ～というほどじゃ(では)ない　～라는 정도는 아니다

화제의 대상이 되는 것에 덧붙여서 사용하는 표현으로 결과는 예상했던 정도는 아님을 나타낸다.
- 酒は好きというほどじゃないが少々やります。
- ひたいに手をあててみたが、熱があるというほどではありません。
- うちの娘は天才というほどではないが、かなり頭がいいので将来が楽しみだ。
- ファンというほどじゃないけど、あの歌手の歌はよく聞くほうだ。

単語

嫌だ 싫다　つい 무심코　積み込む 짐을 싣다　無防備 무방비　さらけ出す 몽땅 털어놓다　贅沢する 사치하다　お近づきになる 친숙한 사이가 되다　久しぶり 오랜만에　触れる 접하다　機会 기회　ハイテクノロジー 하이 테크놀러지　ふらっと 훌쩍　ひたい 이마　あてる 대다

自由に話しましょう

1. おすすめのお店を教えてください。そこはどんなお店ですか。

2. もう二度と行きたくないお店がありますか。
   またそれはどうしてですか。

3. 初デートです。どんな所に行きますか。

4. 外食をする時、お店を選ぶポイントは何ですか。
   また料理は量より味ですか。それとも味より量ですか。

5. 日本は比較的「割り勘」が多いです。「割り勘」と「おごり」について、あなたの意見を話してください。

정중체

ホテル

フロント	いらっしゃいませ。ご予約はなさっていらっしゃいますか。
カン・ミンス	はい、予約してあります。
フロント	お名前をお願いします。
カンミンス	カンです。
フロント	ご予約は禁煙のシングルルームを1泊でございますね。
カンミンス	あのう、もう1泊したいのですが。
フロント	それでは、2泊でございますね。少々お待ちください。申し訳ございません。あいにくですが、禁煙のシングルは満室でございます。喫煙室でよろしければ、ご延泊いただけます。

カンミンス	そうですか…。仕方ないですね。じゃあ、喫煙でもいいです。
フロント	では、お手数ですが、こちらのカードにご記入ください。
カンミンス	はい。
フロント	お客様のお部屋は5階の526号室でございます。こちらは鍵と朝食券でございます。朝食はあちらのレストランで、朝7時から10時まででございます。どうぞご利用くださいませ。
カンミンス	あ、それと、ここから原爆ドームへはどうやって行きますか。
フロント	原爆ドームは路面電車でおいでになった方がよろしいと思います。
カンミンス	どのくらいかかりますか。
フロント	20分ほどかかります。広島駅から2号線か6号線に乗って、原爆ドーム前で降りてください。
カンミンス	どうもありがとう。それから、ウォンを円に換えたいのですが。
フロント	おいくら両替いたしましょうか。
カンミンス	今日のレートはいくらですか。

フロント	本日のレートは100円が1,162ウォンでございます。
カンミンス	では30万ウォン分、お願いします。
フロント	かしこまりました。パスポートを拝見させていただけますか。
カンミンス	はい、どうぞ。
フロント	ありがとうございます。パスポートをお返しします。25,819円でございます。ご確認ください。

単語

シングル(ルーム) 싱글(룸)　満室 만실　延泊 숙박 연장　仕方ない(しょうがない) 방법이 없다
喫煙 흡연　朝食券 조식권　路面電車 노면 전차　レート 환율

ポイントチェック①

1 いらっしゃる　계시다, 오시다

「いる」, 「来る」, 「行く」의 존경어로 ます형으로 만들 때는 「いらっしゃい」로 활용된다.

- 毎朝公園をジョギングされていらっしゃるのですか。
- 日々の暮らしについて、どう感じていらっしゃいますか。
- お宅では、お子様とどのように接していらっしゃいますか。
- 韓国にはいつ、いらっしゃったんですか。

2 ～てある　～해 있다

「타동사+てある」로 활용되며, 예상되는 상황 등에 대해 목적을 가지고 준비 또는 동작의 결과를 나타내는 표현.

- 記入の方法は裏面に書いてありますからよく読んでください。
- 平日は毎日、目覚まし時計を午前6時にセットしてあります。
- 明日の会議に必要な資料は、全てコピーしてあります。
- すでにその件につきましては、先方に伝えてあります。

3　あいにく　공교롭게도

좋지 않은 일이 생겼을 때 쓰이는 표현.

- あいにくの雨だったけど、海の中はすごくきれいでした。
- あいにく、その商品は売り切れてしまいました。
- すみません、あいにく、その日は先約がございまして…。
- 申し訳ないのですが、あいにく、連れが辛いものが苦手なので、別のメニューにしてもらえませんか。

4　～ませ　～(하)십시오

존경어인 동사의 끝에 붙어 권유를 나타낸다.

- 足元が滑りやすくなっていますので、どうぞお気をつけて行ってらっしゃいませ。
- 出発までたっぷりお時間がございますので、どうぞごゆっくりお寛ぎくださいませ。
- 何かございましたら、何なりとお申し付けくださいませ。
- 快適な空の旅をお楽しみくださいませ。

「～ませ」는 존경표현이지만, 사용되는 장면이 한정 되어 있다. 지나친 표현은 과잉 경어가 될 수 있으므로 주의를 요한다.
예를 들면「待ってください」표현에서는「待ってくださいませ」가 아닌「お待ちください」나「待っていただけませんか」가 자연스런 표현이다.

5　おいでになる　오시다

「来る」의 존경어 의미 기능으로만 쓰이며, 같은 의미로 쓰이는 「いらっしゃる」보다는 좁은 의미로 쓰인다.

- もうおいでになる頃だろうとお待ちしておりました。
- 部長、明日の午後は社においでになりますか。
- 災害状況の視察は会長もおいでになります。
- 講演会には、多数の先生方がおいでになり、参加者の皆様から好評をいただきました。

「いらっしゃる」는「行く」,「来る」,「居る」의 존경어와 존경의 보조 동사「～していらっしゃる」로도 쓰일 수 있다.

単語

ジョギング 조깅　日々 날마다　暮らし 생활　お宅 댁　接する 접하다　裏面 이면　目覚まし時計 자명종시계　資料 자료　先方 상대방　売り切れる 품절되다　先約 선약　苦手だ 서투르다　足元 발밑　滑る 미끄러지다　たっぷり 충분히　寛ぐ 편히 쉬다　何なりと 무엇이든지　快適だ 쾌적하다　社 사　災害 재해　視察 시찰　講演会 강연회　皆様 여러분　好評 호평

日本の交通

イダンビ	日本って交通費がすごく高いって聞いたんだけど、本当?
古川孝夫	うん。韓国より高いと思うよ。特に新幹線はね。
イダンビ	やっぱり、そうなんだ。
古川孝夫	でも、値段が高い分、他の電車よりも早いし、快適だよ。
イダンビ	実は、今年の夏休み、日本に旅行に行こうと思ってるんだ。交通費が気になるんだけど、新幹線にも乗ってみたいと思って。
古川孝夫	どこに行くの?
イダンビ	1週間くらいいるつもりだから、東京と大阪に行きたいと思ってるんだ。

古川孝夫	そういえば、外国人観光客向けの割引きチケットがあるって聞いたんだけど…。 ちょっと調べてみようか…。あ、これだ。
イダンビ	どれどれ。ジャパンレールパス?
古川孝夫	うん。29,110円で7日間、JRの鉄道、新幹線が乗り放題! それに、バスやフェリーも乗れるんだって!
イダンビ	そんなチケットがあるんだ! ところで、新幹線って東京から大阪まではいくらぐらいかかるの?
古川孝夫	15,000円くらいかなあ。これを買ったほうがお得だね! あっ、でも、「のぞみ号」には乗れないみたいだよ。
イダンビ	「のぞみ号」って何?
古川孝夫	新幹線の名前だよ。東京から新大阪、博多まで走ってるんだ。 でも、「ひかり」も大阪まで行くから大丈夫だよ。
イダンビ	へえ、そうなんだ。名前があるんだね。面白い。
古川孝夫	あ、それと、名前は全部ひらがななんだ。

イダンビ　　せっかくだから色んな新幹線に乗って、他にもどんな名前があるかチェックしてみようっと！

> 単語
>
> 交通費 교통비　新幹線 신간선　ジャパンレールパス 재팬 레일 패스　JR 재팬 레일　フェリー 페리　新大阪 신오사카　博多 하카타　せっかく 애써, 모처럼

ポイントチェック②

1 ～放題　마음대로~하다

제 마음대로 행동함을 나타내거나, 어떤 작용·상태가 진행되는 것을 '그대로 두다' 의미.

- 自分の部屋は散らかし放題で、週末にまとめて片付けます。
- 本人がいないから、彼女は言いたい放題上司の悪口を言っている。
- お得な「電話かけ放題」のプランもありますよ。
- 本日、アルコール飲料が飲み放題です！

2 ～分　~만큼

앞 내용에 해당되는 원인이나 근거의 결과가 뒤에 따른다.

- 昇進した分、給料も増えるが成果も求められる。
- 彼は若者に人気がある分、アメリカでの活動に期待が高まる。
- 苦労した分、良い仕上がりになったようだ。
- 安い分、質はそこまでよくない。

3 ～ようと思っている　～하려고 한다

어떤 일을 하려고 계획을 세우거나 결심을 나타내는 의지 표현.

- バイトを辞めようと思っています。
- いつか富士山に登ってみようと思っている。
- 夏には帰省して、お墓参りに行こうと思っています。
- 夏休みには日本列島縦断をしようと思っている。

単語

散らかす 어지르다　アルコール 알코올　飲料 음료　昇進 승진　活動 활동　期待が高まる 기대가 높아지다　苦労 고생　仕上がり 마무리　質 질　辞める 그만두다　帰省 귀성　お墓参り 성묘　列島 열도　縦断 종단

自由に話しましょう

1. ホテルや旅館に泊まったことがありますか。
   詳しく話してください。

2. ホテルや旅館に泊まるなら、ベッドのある洋室がいいですか。
   それとも、オンドルや和室がいいですか。理由も言いましょう。

3. 日本のホテルでインターンシップをするプログラムがあります。
   参加しますか、参加しませんか。どうしてですか。

4. チムチルバンに泊まったことがありますか。どうでしたか。

5. ホテルや旅館に宿泊している時、隣りの部屋の人がうるさかったらどうしますか。

第7課

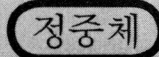

病院(びょういん)

受付	診察券はお持ちですか。
岡村健	いいえ、初めてです。
受付	保険証をお願いします。
岡村健	えーっと、ちょっと待ってください…保険証がないと高くなりますよね。
受付	そうですね。全額自己負担になります。
岡村健	あっ、ありました。これです。
受付	では、この問診票をお書きください。書き終わりましたら、あちらの待合室で椅子にかけて、お待ちください。

医者	どうなさいましたか。
岡村健	今朝から頭が痛くて、体がだるいんです。
医者	口を大きく開けてください。
	はい、どうも。胸に聴診器を当てますね。はい、けっこうです。では、後ろを向いてください。
	はい、もうけっこうです。それでは血圧を測りますので、腕を出してください。
	ちょっと高めですね。普段はどれくらいですか。
岡村健	上が135で、下90です。
医者	お腹はどうですか。今朝はご飯を食べられましたか。
岡村健	実は、気分が悪くて、吐き気がするので、食べていません。
医者	昨日はどんな物を食べましたか。
岡村健	えーっと、焼き鳥を食べて、お酒を飲みました。ここんとこ何日か残業が続いて夜遅くまで仕事をしていましたが、昨日ようやく一段落したので、久しぶりに同僚と飲みに行ったんです。
医者	そうですか。少し風邪をひきかけていたところに、お酒を飲み過ぎて無理をしたのでしょう。頭が痛いのは二日酔いですね。

岡村健	そうですか。
医者	お薬を3日分出しますね、帰ったらすぐに1回分飲んで、ゆっくり休んでください。では、お大事に。

単語

診察券 진찰권　保険証 보험증　全額 전액　負担 부담　問診票 문진표　待合室 대합실　聴診器 청진기　血圧 혈압　吐き気 구토　残業 잔업　一段落 일단락　同僚 동료　二日酔い 숙취

ポイントチェック①

1 だるい　나른하다

- 足がだるいという症状は、日常多くの人が経験するものです。
- 風邪ではないのに身体がだるいという時には、疲労以外に別の病気が隠れているかもしれません。
- だるいからと言って、休んでばかりもいられない。
- 頭も痛いし、天気も優れないし、外出するのがだるい。

2 ～ていたところ　～하고 있던 참에

어떤 일을 진행하고 있던 참에 갑자기 일이 생겼음을 나타낸다.

- 発売日前にネットで情報を収集していたところ、この動画に出くわした。
- 夕飯の準備をしていたところ、主人から食べて帰るという連絡がきた。
- スマホのアップロードをしていたところ、バッテリーが無くなった。
- 夜中にうとうとしていたところ、チャイムが鳴ってびっくりした。

3 ～すぎる　지나치게 ～하다

행동이나 정도가 지나침을 나타내는 표현이며「동사ます형+すぎる」,「い형용사 어간+すぎる」로 활용된다.

- 緊張しすぎて、目も合わせられませんでした。
- お隣さんは子供を甘やかしすぎだ。
- この授業は私にとって、進度が早すぎる。
- 食べすぎ、飲みすぎにはこの薬がよく効きますよ。

4　お大事に　몸조심 하세요

상대방의 몸 상태가 좋지 않을 때 위로하는 마음으로 쓰이는 표현이며, 편지·메일의 마지막에도 자주 쓰이는 인사표현이다.

- 今がいちばん大事な時期ですから、どうかお大事に。
- 風邪をひかれたようですね。お大事になさってください。
- 季節の変わり目で体調を崩しやすい時期ですが、どうぞお体をお大事になさってください。

単語

症状 증상　経験 경험　日常 일상　疲労 피로　隠れる 숨다　優れる 뛰어나다　発売日 발매일　収集 수집　動画 동영상　出くわす 우연히 만나다　スマホ 스마트폰　アップロード 업로드　バッテリー 배터리　夜中 한밤중　うとうと 꾸벅꾸벅　チャイム 차임, 종　緊張 긴장　お隣 옆　甘やかす 응석 부리게 하다　進度 진도　効く 효과가 있다　季節の変わり目 환절기　体調を崩す 컨디션을 해치다

健康 けんこう

古川孝夫 また、ちょっと体重が増えたみたいなんだ。

イダンビ この前の健康診断で、健康管理をしっかりするように言われたんでしょ?

古川孝夫 そうなんだけど、なかなかやせられなくて。もちろん、大好きなビールも甘い物も減らしてるし、駅まで歩くようにもしてるんだけど。もっと徹底的にやらないとダメかな。

イダンビ でも、絶対ビールは飲まないとか絶対甘い物は食べないとか思うと辛くなるから、無理しなくてもいいらしいよ。

古川孝夫 そうなんだ。良かった。遅くまでバイトをしてると、

お腹が減って、つい甘い物を食べたくなっちゃって。家に帰って食べると、どうしても10時を過ぎちゃうんだよね。

イダンビ　　　あ、それは良くないね。もっと早い時間に夕食を食べないと。毎日決まった時間にきちんと食事をすることが大事らしいよ。寝る前に食べるなんて、とんでもない。

古川孝夫　　　え、でも、平日、いつも同じ時間に家に戻れるなんてことないよ。

イダンビ　　　だったら、学校やバイト先で早めにきちんと食事をとって。中途半端に食べると、かえって太ってしまうからね。

古川孝夫　　　そっかあ。運動はどう？ プールで泳いだり、ジョギングをしたりしたいと思ってるんだけど。

イダンビ　　　これなんか、いいんじゃない？「町を歩く会」ほら、見て。

古川孝夫　　　ん？ ウォーキング？

イダンビ　　　そう。朝と夜と2回歩いてもいいし、1回でもいいって。自分の都合のいい時に参加できるらしいよ。近所の人たちと一緒なら、きっと楽しくできるんじゃない？

古川孝夫　　　でも、1時間も歩くんだ。けっこう疲れそうだね。

イダンビ	少しは疲れるくらいの方がいいよ。
古川孝夫	うーん。そうだね。じゃあ、まず1回参加してみようか。

> **単語**
> 体重 체중　健康診断 건강 진단　健康管理 건강 관리　しっかり 확실히, 단단히　徹底的に 철저하게　辛い 괴롭다　とんでもない 어처구니없다　中途半端 어중간　都合 형편

✅ ポイントチェック②

1 ～みたい　～같은

닮아 있는 어떤 사물(사람)을 제시하여 그 내용이나 모양이 비슷함을 나타낸다.

- そんな夢みたいなことを想像してる場合じゃないでしょ。
- そんな子供みたいなことをいつまでも言わないでよ。
- 私の弟は童顔のせいで高校生みたいに見える。
- 大野さんは、顔も小さく、手足も長いからまるでモデルみたいだ。

2 なかなか　꽤, 상당히, 좀처럼

긍정의 경우에는 예상되는 정도를 상회함을 나타내는 '꽤·상당히' 의미로, 부정을 수반할 경우에는 '좀처럼' 의미로 쓰인다.

- 漢字がなかなか覚えられなくて、困っています。
- ベッドに入ったけど、なかなか寝つくことができずに1時間も経ってしまった。
- バスがなかなか来なくて、イライラしました。
- 3か月経ったが、新しい職場になかなか馴染めない。

3 ～ようにしている　～하려고 노력하고 있다, 하도록 하다

화자의 일상생활 속에서 의지나 방침·지침 등을 나타낸다.

- 時間に余裕をもつようにしています。
- コーヒーを飲み過ぎないようにしています。

- どんなに疲れていても、お客様の前では笑顔を絶やさないようにしています。
- 週一回は釣りに行って、ストレスをためないようにしています。

4　～たくなる　～하고 싶다

화자의 주관적인 희망을 나타내는 표현으로, 하고 싶은 마음이 생김을 나타낸다.

- ペットのかわいらしい姿を見ると、写真を撮りたくなります。
- テレビでホームショッピングを見ると、つい買いたくなりますよね。
- どこかに行きたくなるような、爽やかな五月晴れですね。
- 親元を離れて暮らしていると、時々とても両親に会いたくなります。

5　～なんて　～(이)라니

화자의 의외의 생각·놀라움 등을 나타내며 주로 회화체에서 쓰이는 표현.

- チャレンジしない人生なんて面白くありません。
- 明日までだなんて、できるわけがないでしょう。
- ブランドのカバンなんて、プレゼントできないよ。
- 遊園地なんて、もう何年も行っていません。

単語

童顔 동안　モデル 모델　寝つく 잠들다　経つ 지나다　職場 직장　馴染む 친숙해지다　笑顔 웃는 얼굴　絶やす 끊어지게 하다　釣り 낚시　ためる 모아 두다　姿 모습　ホームショッピング 홈쇼핑　爽やか 상쾌하다　五月晴れ 5월의 맑은 날씨　親元 부모, 부모 곁　離れる 떨어지다　チャレンジ 도전　人生 인생　遊園地 유원지

自由に話しましょう

1. これまでにどんな病気や怪我をしましたか。
   詳しく話してください。

2. 病気の原因としてどんなことが考えられますか。
   いろいろな病気について考えてみましょう。

3. よくお酒を飲みますか。
   どんなときにお酒を飲みたくなりますか。

4. サプリメントや栄養ドリンクを飲んだことがありますか。
   効果はありましたか。

5. 酔っぱらった人を見たことがありますか。
   その時のことを話しましょう。

第8課 料理教室

정중체

講師	今日は日本の家庭料理「にくじゃが」を一緒に作ってみましょう。 最初に、じゃがいもを一口大に切ります。
パクキヒョン	先生、このくらいの大きさでいいですか。
講師	もう少し大きくてもいいですよ。はい、次に、たまねぎです。
パクキヒョン	縦に切りますか。横に切りますか。
講師	まず縦に切って、切ったところを下にすると切りやすいですよ。 にんじんはじゃがいもより小さめに切ってくださいね。今度はしらたきをゆでましょう。

パクキヒョン	しらたきはチャプチェの麺と同じですか。
講師	いいえ。ちょっと違います。おでんの具によく使われますよ。
	しらたきは鍋で3分くらいゆでて、ざるに上げ、水気を切ってから、ざく切りにします。
	それから、牛肉は3センチくらいの幅で切ってください。
パクキヒョン	豚肉でも作れますか。
講師	はい。豚肉で作ると牛肉よりもあっさりした味になりますよ。
	それでは、鍋に水400ccと、醤油、酒、砂糖、みりんを大さじ4杯ずつ入れていきます。
パクキヒョン	入れる順番はありますか。
講師	特に決まっていませんが、砂糖を最初に入れてから醤油を入れると、味がしみやすいですよ。
パクキヒョン	へえ、そうなんですか。
講師	ぐつぐつ音がしてきたら、最初に牛肉を入れてください。お肉を入れる時、一枚ずつ、ばらして入れると固まりにくくなりますよ。

	全部入れたら、火を強火にしてください。しばらくすると灰汁が出てきます。
パクキヒョン	先生、灰汁って何ですか。
講師	上に浮いてくる茶色い泡のことです。取ったほうがおいしくなりますよ。
	灰汁を取ったら、材料をすべて入れて中火にしましょう。
パクキヒョン	火加減はこのくらいでいいですか。
講師	うーん、もう少し強くしましょうか。はい、それでいいですよ。これで、20分煮たらできあがりです。お皿に盛る時、じゃがいもが崩れやすいので気をつけてくださいね。

メモ

単語

にくじゃが 고기 감자조림　じゃがいも 감자　一口大 한 입 크기　たまねぎ 양파　にんじん 당근　しらたき 아주 가는 곤약　おでん 어묵　具 건더기　ゆでる 삶다　ざるに上げる 체로 받치다　水気を切る 물기를 빼다　ざく切り (야채 등을) 큼직큼직하게 썸　牛肉 쇠고기　豚肉 돼지고기　あっさり 담백하게　醤油 간장　みりん (조리용 술의 일종) 미림　大さじ〜杯 큰 스푼 〜 개　味がしみる 맛이 배어들다　ぐつぐつ 보글보글 끓이다　ばらす 뜯다　強火 강한 불　灰汁 조리할 때 떠오르는 거품　中火 중불　火加減 화력 조절　盛る 담다　崩れる 흐트러지다

✅ ポイントチェック①

1　～てから　～하고 나서, ~한 다음

일이나 형편이 시간의 경과에 따라 변하여 가거나 또는 그런 경향을 나타낸다.

- 40歳を超してからの転職は難しいと言われています。
- 社会人になってから新しい友達をつくるのって、意外に難しいものですよね。
- しっかり計画を立ててから、行ないます。
- 先方に連絡してから、伺います。

2　～やすい/～にくい　~하기 쉽다, ~하기 힘들다

「동사 ます형+やすい/にくい」로 활용되며「～やすい」를「やさしい(쉽다)」와「～にくい」를「むずかしい(어렵다)」와 혼동하지 않도록 하자.

- 画面が小さいケータイは見にくいです。
- 雷は高い所に落ちやすい性質があります。
- 熱中症が起こりやすいのは、太陽が照りつける暑い日だけとは限りません。
- 山田さんは話しかけにくい人です。

3 ～め   ～한 듯

「い형용사 어간」에 「め」가 붙으며, 다소 그와 같은 경향이나 성질을 가지고 있는 것을 나타낸다.

- チケットの予約は早めにした方がいい。
- 砂糖は少なめにしてください。
- もう少し大きめのサイズのものはありませんか。
- 今日は濃いめの緑茶が飲みたい気分です。(예외적인 형식)

4 ～たら   ～면

앞 문장의 일(사항)이 성립되면 뒷문장의 일(사항)이 착수되며 주로 회화체에서 사용되는 표현.

- 空港に着いたらすぐに連絡をください。
- 高校を卒業したらアメリカに留学します。
- 社会に出たら、学校での1年間よりずっと役に立つかもよ。
- テストが終わったら、待ちに待った冬休みだ。

単語

(～歳を)超す (～세(나이)를) 넘다   転職 전직   (計画を)立てる (계획을) 세우다   熱中症 열사병   照りつける (햇볕이) 내리 쬐다   待ちに待った 기다리고 기다리던

韓国料理

イダンビ	孝夫、今週の金曜日の夜、寮の友だちと韓国料理を作ろうと思ってるんだけど、一緒に作らない?
古川孝夫	いいね! 行きたいな。でも、僕料理はあんまり得意じゃないけど、難しくない?
イダンビ	チャプチェとキムチチゲを作るんだけど、どっちも簡単だよ。
古川孝夫	キムチチゲは食べたことあるけど、チャプチェはないや。どうやって作るの?
イダンビ	チャプチェは、タンミョンっていう麺をゆでて、牛肉、たまねぎ、にんじんを千切りにして…。
古川孝夫	あ、そのタンミョンっての知ってる。スーパーの韓国コーナーで見たことあるよ!

イダンビ	じゃがいもでできてるから、もちもちしてて美味しいよ。麺がゆであがったら、ざるに上げて、冷たい水でゆすいでちょっと冷ますの。
古川孝夫	うんうん。
イダンビ	次に、タンミョンを醤油で味付けするんだけど、この時、砂糖を少し入れると、まろやかな味になるんだ。タンミョン、それから、ごま油とにんにくで下味をした牛肉、切った野菜を別々に炒めるの。
古川孝夫	全部一緒にしたらだめなの？
イダンビ	うん。まとめて炒めると野菜の水分が出て、牛肉の旨味が逃げちゃうの。
古川孝夫	そうなんだ。
イダンビ	最後は、ごま油とごまをかけて、混ぜたら完成！
古川孝夫	おお、案外、簡単だね。
イダンビ	でしょ？次にキムチチゲだけど、これはもっと簡単。鍋にキムチを入れて、沸騰したら、油を切ったシーチキン、とうふ、たまねぎを入れて、最後にねぎを入れてできあがり。
古川孝夫	超簡単じゃん！
イダンビ	うん。キムチにすでに味がしっかり付いてるから、特に味付けをしなくてもいいんだ。

古川孝夫	なるほど。今回使うキムチは日本の? それとも韓国の?
イダンビ	先週、両親が家で漬けたキムチを送ってくれたから、それで作るつもり。
古川孝夫	本場韓国の家庭の味かあ。初めてだよ! 辛くない?
イダンビ	うちのはあまり辛くないから、たぶん大丈夫だよ!

単語

チャプチェ 잡채　キムチチゲ 김치찌개　千切り 채썰기　もちもち 부드럽고 끈기가 있는 모양　ゆすぐ 헹구다　まろやか 맛이 순하다　ごま油 참기름　にんにく 마늘　下味 밑간　炒める 볶다　水分 수분　旨味が逃げる 맛이 달아나다　ごま 참깨　かける (소스 등을)끼얹다　混ぜる 섞다　沸騰する 끓다　シーチキン 참치캔　とうふ 두부　ねぎ 파　キムチ 김치　味付け(を)する 양념을 하다　漬ける 절이다　本場 본고장

ポイントチェック②

1 〜ない?　〜하지 않을래?

문말에서 상승조 인터네이션을 수반하며 권유의 의미로 쓰인다.

- 一緒にコーヒーでも飲まない?
- 今度の土曜日、箱根に行かない?
- もうすぐテストだし、週末一緒に図書館で勉強しない?
- 日本語スピーチコンテストに出てみない?

2 案外　뜻밖에도, 예상외

어떤 사태가 예상과 빗나간 경우나 뜻밖의 일이 생겨 실제와 다른 경우.

- 昨日の会議、案外早く終わったね。
- 課長は見た目は怖そうでも案外いい人だ。
- 大きな中古車屋さんで見積もりをお願いしてみてください。案外、値段が付くかもしれません。
- 今回のテストは案外簡単だったね。

3 超~ 초~

명사, 동사, 형용사 앞에 붙는 접두어로 정도가 특히 극단적으로 많거나 심함을 강조하여 나타내는 표현.

- 昨日見た映画、超感動したよ。
- 私の場合、超心配性なので不安です。
- 久しぶりに会った田中さん、超きれいになっててビックリしたよ。
- もとからかぶれやすいのが、最近ひどくなって超敏感肌になってしまいました。

4 それとも 그렇지 않으면, 또는

둘 중 하나를 택할 때 쓰이는 선택을 나타내는 접속사.

- 今晩はハンバーグがいい? それとも、ステーキがいい?
- 宿題をする時、すぐ終わらせますか。それとも、時間をかけてゆっくりしますか。
- 今日は平日なのに人通りが多いようですね。それともこの界隈は、いつもこうなんですか。
- デートに誘われて、嫌だなと思ったら、断りの返事をしますか? それとも無視しますか?

単語

見た目 겉보기　見積もり 견적　(値段が)付く (값이) 매겨지다　感動 감동　心配性 소심한 성질　かぶれる (옻 따위를)타다, (나쁜 것에) 물들다　敏感肌 민감성 피부　人通り 사람의 왕래　界隈 근처, 일대

自由に話しましょう

1. 普段、朝昼晩3食きちんと食事をとっていますか。
   どんなものをよく食べていますか。

2. よく料理をしますか。どんなものを作りますか。よく作る料理の作り方を説明してください。

3. 知っている日本の食べ物について話してみましょう。
   また何が食べたいですか。

4. 日本の食べ物と韓国の食べ物の違うところについて話しましょう。

5. この一週間で食べたものの中で一番おいしかったものを話してください。

第9課 温泉・旅館のマナー

정중체

パクキヒョン	先生、チュソクの連休に家族と群馬県の草津温泉に行くことになりました。
青木先生	あら、いいですね。
パクキヒョン	両親が日本の温泉に行ってみたいと前から言ってたんです。
青木先生	さぞかし喜ばれるでしょうね。キヒョン君が案内するんですか。
パクキヒョン	はい。今回、温泉旅館に泊まるんです。そこでちょっと質問があるのですが、温泉や旅館で気をつけなければいけないことは何がありますか。
青木先生	そうですねえ。まず、お風呂に入る前は必ずかけ湯をしますよ。

パクキヒョン	かけ湯って何ですか。
青木先生	体にお湯をかけることです。一度汚れなどを落としてからお湯に浸ります。
パクキヒョン	そうなんですか。知りませんでした。
青木先生	それから、温泉は気持ちいいから、ついつい長湯しがちになりますが、のぼせないようにしてくださいね。
パクキヒョン	のぼせない…？ どういう意味ですか。
青木先生	長い時間湯船に浸ることで、めまいがしたりすることですよ。ひどいときには倒れることもあるから気をつけてくださいね。
パクキヒョン	ええ、それはこわいですね。
青木先生	熱いお湯に長時間浸らないようにすること、そして、時々冷たい水で頭を冷やすといいですよ。
パクキヒョン	わかりました。
青木先生	あと、夜は湯冷めしないように気をつけてくださいね。入浴後すぐは体が温かいんだけど、放っておくと体が冷えてしまって、風邪をひくこともありますから。
パクキヒョン	風邪をひいたら、せっかくの旅行が台無しになっ

	てしまいますね。気をつけます！
青木先生	それから、旅館では起きた後、布団は畳まずそのままでいいですよ。
パクキヒョン	でも畳んだ方が片付けが楽なんじゃないんですか。
青木先生	旅館では、シーツや枕カバーを毎日取り替えているから畳むとかえって手間がかかってしまうんです。
パクキヒョン	先生、色々教えてくださってありがとうございました。

メモ

単語

連休 연휴　草津温泉 군마(群馬)현 구사쓰 온천　かけ湯 입욕 전에 씻는 것　汚れ 더러움　長湯 목욕시간이 긺　のぼせる (머리에 피가) 몰리다　湯船に浸る 욕조에 몸을 담그다　めまい 현기증　湯冷め 목욕 후 한기를 느낌　放っておく 내버려 두다　台無しになる 엉망이 되다　布団 이불　畳む 개다　楽だ 편안하다　枕カバー 베개커버　取り替える 교체하다　手間がかかる 품(시간)이 들다

ポイントチェック①

1 ～まま ~한 대로, ~한 채로

어떤 동작이나 상태가 지속되는 상황에서 다른 동작이 이루어지는 것을 나타낸다.

- この製品は手が濡れたままでも使えます。
- 換気のために、窓は開けたままにしておいてください。
- 最初に出会った時のまま、少しも変わっていないように見えます。
- 靴を履いたまま上がらないでください。

2 さぞかし 추측건대

「さぞ」의 힘줌말로, 어떤 단서를 근거로 사물이나 사람의 상황·정세 등에 대해 과거부터 현재의 상태에 관한 것을 「さぞ～だろう/でしょう」 형인 추량 표현과 자주 쓰인다.

- 学校も夏休みになって最初の連休ですから、さぞかし多くの人が海岸にいたのではと思います。
- 来月オープンするデパートは若者の好きそうな店舗がたくさんあるから、さぞかし人気が出るだろう。
- 遠いところから、よくいらっしゃいました。さぞかしお疲れになったでしょう。
- さぞかし楽しい新婚旅行だったのでしょうね。

3 〜てしまう　〜해 버리다

「동사 て(で)しまう」 형식으로 화자의 동작 완료를 나타내거나, 후회·유감 등의 기분을 나타내는 경우에 쓰인다.

- 大事な書類を家に置いてきてしまいました。
- 掃除しても2~3日で埃が積もってしまいます。
- どうしよう。友だちから借りた本をなくしてしまった。
- あの小説はもう読んでしまいました。

4 〜ようにする　〜하도록 하다

대상(사물, 사람)이 어떠한 상태에서 다른 상태로 변하게 하거나, 어떤 상태로 도달하게 하는 의도적인 변화를 유도할 경우 쓰이는 표현이다.

- 足の指は体が揺れた時に力を入れて倒れないようにする大切な役割を果たしています。
- 先輩と活発な意見交換ができるようにしていくことが、何より重要です。
- 質の良い睡眠のために、寝る前は携帯を見ないようにしています。
- 遅くなるときは、家に電話をかけるようにしています。

「〜ようにしている」는 동작주의 의지에 의해 항상 마음에 새겨 두고 관심을 갖고 있는 생활 속의 방침이나 지침 등을 나타내는 표현이다.

単語

換気(かんき) 환기　オープン 오픈　デパート 백화점　店舗(てんぽ) 점포　埃(ほこり) 먼지　揺(ゆ)れる 흔들리다　役割(やくわり)を果(は)たす 구실을 다하다

温泉旅館

野口文子	あれ、どうしたの？ 旅行のパンフレットなんか見て。どっか行くの？
パクキヒョン	来週から夏休みだから、どこかに旅行したいと思ってるんだ。どこかおすすめない？
野口文子	うーん、やっぱり夏は海でしょ？ どこかの島で過ごすのはどう？
パクキヒョン	そうだねえ。でも友達から聞いたけど、島は交通が不便だから、行き帰りに時間がかかってかえってゆっくり過ごせないらしいよ。
野口文子	そっかあ。じゃあ、この世界遺産をめぐるツアーなんてどう？

パクキヒョン	世界遺産か。でも2週間のツアーだね。ちょっと長すぎるなあ。
野口文子	夏休みはどれくらい?
パクキヒョン	バイトが休めるのは1週間なんだ。最後の1日は家でゆっくりしたいから、5日か6日くらいで行ける近場がいいな。
野口文子	じゃあ、温泉旅館でゆっくりするとかは? ここから2時間ぐらいのところにある温泉旅館がリニューアルオープンしたらしいよ。
パクキヒョン	へえ、そうなんだ。知らなかった。それが一番いい夏休みの過ごし方かもしれないね。
野口文子	休みも短いし、あんまり遠い所に行っても疲れるだけだしね。
パクキヒョン	そういうこと。そういえば、この前、テレビに出てた温泉旅館に行ってきたよ。
野口文子	ああ、あの旅館? キヒョンも行ったんだ。
パクキヒョン	うん。友達と一緒にね。

野口文子	実は、私も先週、行ってみたんだ。ねえ、どう思う？あそこ。
パクキヒョン	どうって。インテリアのセンスも良かったし、料理もおいしかったよ。文子は気に入らなかったの？
野口文子	気に入らないっていうわけじゃないけど。どうもいまいちで。
パクキヒョン	僕が気になったのは料理の量が少なかったことかな。
野口文子	料理もねえ、おいしいことはおいしいけど、すごくおいしいわけじゃなかったんだよね。
パクキヒョン	露天風呂の温泉はそこそこで悪くなかったけど。
野口文子	それは泉質の問題だから旅館の評価とは関係ないよね。
パクキヒョン	確かに、「こんなの初めてだ！」っていう感動はなかったな。で、結局、文子は何が不満なの？
野口文子	そう、それなのよ。感動がないんだよね。あの温泉旅館じゃなきゃダメだっていうような強みが感

じられなかったの。旅館にとっては大事だと思うんだけど。

パクキヒョン　さすが、温泉マニアは言うことが違うね。

単語

パンフレット 팜플렛　世界遺産 세계유산　リニューアル 리모델링　インテリア 인테리어　センス 센스　露天風呂 노천탕　泉質 (온천의)수질　不満 불만

ポイントチェック②

1 なんか　따위

회화체에서 스스럼없는 말투로 쓰이는 표현으로, 어떤 사물을 예시하거나 또한 어떤 일(사항)을 경시할 경우 쓰이는 표현. 동의어로는 「など」가 있다.

- 私なんかが引き受けていい仕事なのだろうか。
- テストのことなんか忘れて、パーッと遊ぼうよ。
- こんな難しい課題、彼一人でなんかできるわけがないよ。
- なんで大金を出してボディーガードなんか雇ったのですか。

2 かえって　도리어, 오히려, 반대로

예상했던 것과 반대 결과의 경우에 쓰이는 표현.

- 壁の汚れが気になって、上からペンキを塗ったら、かえって汚くなってしまった。
- 薬を塗って、かえって悪くなったような気がします。
- 慰めのつもりがかえって、彼を悲しませてしまった。
- 食材に合った保存をしないと、冷蔵庫に入れただけではかえって劣化してしまうこともあります。

3 〜とか　〜라든가, 〜든지

사물이나 동작·작용을 예시적으로 병렬하며, 확실하지 않은 것들을 열거하는 경우에 쓰인다.

- 敬語には、謙譲語とか丁寧語とかの種類があります。

- 故郷の母が食べ物とか洋服などを送ってくれました。
- アニメとかドラマとか見るとリスニング力がつくよ。
- トマトとかきゅうりとか、さっぱりしたものが食べたい。

4　～かもしれない　～일지도 모른다

단정은 할 수 없지만 그 가능성이 있는 것을 나타낸다.
- 約束の時間に間に合わないかもしれません。
- もしかすると、急な仕事が入るかもしれません。
- こんなことを言ったら、彼はショックをうけるかもしれない。
- 20年後には、宇宙旅行が一般化するかもしれない。

5　いまいち

어떤 상황에 대해 바라고 있었던 기대치의 결과가 조금 모자라는 모양.
- いまいち、気分が乗らないなあ。
- いまいちあの人、好きになれないんだよね。
- このインテリアいまいちパッとしないなあ。
- 今年の京都の紅葉はいまいちですね。

6　そこそこ　그럭저럭, ～하는 둥 마는 둥

충분하지는 않지만 최소한은 되어 있는 모양이나, 대충대충 하고 손을 떼는 모양
- 英語がほとんど話せない人でも1か月でそこそこ話せるようになります。
- お酒もいいけど、そこそこにしないと後で後悔するよ。
- 山田君の彼女はそこそこ勉強もできて美人だ。
- あの人はプロのカメラマンではないが、そこそこ上手に写真を撮る。

7 強み 　강점, 장점

타인(다른 것)보다 우세하거나 더 뛰어난 점.

- 自分や自社の強みと弱みを知っておくことは、ビジネスをする上でとても大事なことですよね。
- 木村選手の強みは本番での精神力だ。
- 当社の強みは地震対策が万全であるということです。
- うちの学校の強みは文武両道です。

6 マニア

평소 어떤 한 가지 일에만 몹시 열중하는 사람이나 그 모습을 칭하는 말.

- あなたに使って欲しい文房具マニアの一押しアイテムをご紹介します。
- ディープなラーメンマニアなら聞いただけで行ってみたくなるラーメン屋です。
- このフィギュアはヒーローマニアにはたまらない。
- ここは鉄道マニアがよく集まるカフェです。

単語

引き受ける 맡다　パーッと 마음껏, 실컷　大金(たいきん) 대금, 큰돈　ボディーガード 보디가드　雇(やと)う 고용하다　塗(ぬ)る 바르다, 칠하다　慰(なぐさ)め 위로　劣化(れっか) (성능, 품질)나빠지다　謙譲語(けんじょうご) 겸양어　丁寧語(ていねいご) 공손한 말　さっぱり 산뜻하다　一般化(いっぱんか) 일반화　(気分が)乗(の)る (마음이) 내키다　パッとしない 별로 안 좋다　後悔(こうかい) 후회　プロ 프로　自社(じしゃ) 자사　本番(ほんばん) 정식 연기, 방송　当社(とうしゃ) 당사　対策(たいさく) 대책　万全(ばんぜん) 만전　文武両道(ぶんぶりょうどう) 학업과 운동　一押(いちお)し 가장 추천하는 것　アイテム 아이템　ディープ 깊은, 딥　フィギュア 피겨

自由に話しましょう

1．旅行をしたくなるのはどんな時ですか。詳しく話しましょう。

2．旅行に行く前にどんな準備をしますか。

3．旅行に行ったら、どんなことをしますか。

4．修学旅行の中で、一番思い出に残っている場所はどこですか。また、どうしてですか。

5．長期の休みがあったら、どこに旅行に行ってみたいですか。なぜそこに行きたいですか。

第2部　応用編

第10課   정중체

遺失物(いしつぶつ)センター

イダンビ	すみません。電車の中に忘れ物をしてしまったんですが。
駅員	何を忘れたのですか。
イダンビ	かばんです。
駅員	どんなかばんですか。
イダンビ	白地に紺色の水玉がついたトートバッグです。縦が40センチくらいで、横が30センチくらいの大きさです。
駅員	かばんの中には何が入っていますか。
イダンビ	えっと…財布と…。
駅員	財布ですね。他には何かありますか。

イダンビ	飲みかけのペットボトルとタブレット、それに本です。タブレットは先週買ったばかりだし、本は図書館で借りたもので今日が返却日なんですよ。どうしよう…。
駅員	それで全部ですか。
イダンビ	あと、折りたたみの傘も入っています。ベージュのチェックです。
駅員	この駅に何時頃に着きましたか。
イダンビ	確か3時50分でした。広島行きです。
駅員	何両目に乗っていましたか。
イダンビ	さあ、よく覚えていないのですが…たぶん3両目あたりだったと思います。
駅員	そうですか。では、ここにお名前とご住所、お電話番号を書いてください。広島駅に連絡しておきます。
イダンビ	ありがとうございます。あのう、いつ頃わかりますか。
駅員	そうですね。1時間ぐらいしたら、わかると思います。後で、電話をかけてください。

電話番号はこちらです。

イダンビ　　わかりました。よろしくお願いします。

> 単語
>
> 遺失物 유실물　白地 흰 바탕　水玉 물방울　トートバッグ 토트백　ペットボトル 페트병　タブレット 태블릿　返却日 반납일　ベージュ 베이지　チェック 체크　〜行き 〜행　〜両目 〜번째 칸

ポイントチェック①

1 〜かけ　〜하다 만

「동사 ます형+かけ」이며, 어떤 동작을 시작했으나 아직 끝나지 않은 상태.

- 椅子のカバーが破れかけていて、中身の黄色いスポンジが見えていた。
- プールで溺れかけていた人を救助した。
- さっさとやりかけの仕事を終わらせてしまおう。
- 何かを言いかけてやめた。

2 〜ばかり　막〜했다, 〜한 참이다

「동사 과거 た/だ+ばかり」로 동작이 끝난 지 얼마 되지 않았음을 나타내거나, 과거의 어떤 일을 가리키는 경우에도 쓰인다.

- 今日出たばかりの新商品です。
- さっき起きたばかりだから、まだ頭がぼうっとしています。
- 昨日産まれたばかりのパンダの赤ちゃんです。かわいいでしょう。
- クリーニングに出したばかりの服にケチャップをつけてしまった。

「과거(た/だ)+ばかり」와 같은 의미로 쓰일 수 있는 「과거(た/だ)+ところ」가 있다.
「과거(た/だ)+ところ」는 어떤 일이 행해진 바로 그 이후를 나타내는 행동 완료를 나타내는 표현이며, 「과거(た/だ)+ばかり」가 「과거(た/だ)+ところ」보다는 더 넓은 의미를 가지고 있다고 볼 수 있다.
夕ご飯を食べたところです。

3　～あたり　～쯤, ～정도

대략적인 때나 장소 등을 나타낸다.

- あのあたりは治安が良くないから、近づかない方がいいですよ。
- そこの角を曲がったあたりで、いのししを見かけました。気をつけてください。
- このあたりは閑静な住宅地です。
- 唇のすぐ下あたりにニキビができやすいんです。

4 ～ておく ~해 두다

'어떤 목적을 위해 미리 준비해 두다'라는 의미와 어떤 행위를 한 결과 그 상태가 지속되는 것을 나타낸다.

- 報告書に目を通し、コメントを書いておきました。
- 冷蔵庫にビールを入れておきましたよ。
- この部屋のエアコンをつけておきますね。
- 緊急時の対策を考えておきましょう。

単語

破(やぶ)れる 깨지다, 찢어지다 スポンジ 스펀지 溺(おぼ)れる 빠지다 救助(きゅうじょ) 구조 さっさと 빨리 ぼうっと 뿌옇게 クリーニング 클리닝 ケチャップ 케첩 治安(ちあん) 치안 曲(ま)がる 구부러지다 いのしし 멧돼지 見(み)かける 보다 閑静(かんせい)だ 한적하다 住宅地(じゅうたくち) 주택지 唇(くちびる) 입술 ニキビ 여드름 報告書(ほうこくしょ) 보고서 目(め)を通(とお)す 대충 훑어보다 コメント 코멘트

忘(わす)れ物(もの)

친밀체

パクキヒョン	昨日、岡山駅で降りたんだけど、電車の中に紙袋を忘れちゃって。 茶色のチェックのなんだけど。
野口文子	え！それで、みつかったの？
パクキヒョン	ううん。まだ。
野口文子	連絡してみた？
パクキヒョン	どこに電話したらいいかわからなくて…。
野口文子	今日忘れたのなら、駅の事務室にあるんじゃない？ 昨日なら、確か、遺失物預かりセンターにあるはずだよ。

パクキヒョン	え、それ、どこ?
野口文子	岡山駅なら、南口の方じゃないかな。
パクキヒョン	南口か。
野口文子	うん。ハンコと身分証明証が必要だよ。あれば、すぐに受け取れるはず。
パクキヒョン	そうなんだ。でも、今日は時間がないから、電話して家に送ってもらおうかな。
野口文子	いや、直接取りに行かないといけないみたいだよ。
パクキヒョン	じゃあ、明日でも大丈夫かな?
野口文子	センターでは3日間だけ保管するらしいよ。
パクキヒョン	その後は?
野口文子	警察で保管するらしい。
パクキヒョン	そっか。じゃ、明日絶対に行かなきゃ。
野口文子	しっかり者のキヒョンがどうして電車に忘れ物なんかしたの?
パクキヒョン	いつもはちゃんと手に持つんだけど、混んでて人が多かったから、網棚に置いたんだよね。

そしたら、うっかりしてそのまま電車を降りちゃったんだ。

単 語

紙袋 종이봉투　南口 남쪽 출입구　保管 보관　混む 혼잡하다　網棚 (기차, 전철 등의)선반

ポイントチェック②

1 〜なら 〜(이)라면

상대방이 말한 사실이나 그때의 상황을 고려하여 화자의 생각이나 의견을 말하거나, 상대방에게 의뢰·충고할 때 쓰이는 표현이다.

- バリバリ働きたいのなら、今は休みましょう。
- 友達とノリノリでドライブを楽しみたいのなら、踊りだしたくなるダンスミュージックを聴くのがお勧めです。
- 痩せたいなら腹八分目を意識することです。
- 二次会なら、あそこの店がいいね。

2 〜はず 〜할(일) 터

화자가 어떤 근거를 바탕으로 이미 정해져 있는 일이나, 가능성이 매우 높아 당연히 그렇다고 생각한 것을 나타낸다.

- こんなはずじゃなかったんだけど…。
- 研究室の電気がついているから、先生は校内にいらっしゃるはずなんだけどなあ。
- 鈴木さんは、理解のある人だから、事情を話せばきっとわかってくれるはずだよ。

- 過去に何度か撮影したはずなんですが、当時の写真は見つかりませんでした。

3 〜てもらう　(내가 타인에게)〜해 받다, (타인이 나에게)〜해 주다

내가 타인에게 이익이나 은혜가 되는 행동을 받았을 때 쓰여지는 표현이다.

- 教科書を忘れたので、一緒に見せてもらえませんか。
- 昨夜、先輩に家まで乗せていってもらいました。
- ホームステイの家族の方達に、空港まで迎えに来てもらいました。
- ありのままを見せて相手になんとか受け入れてもらえれば最高ですね。

単語

バリバリ (일을)척척 해내다　ノリノリ 흥겹게　踊りだす 춤추기 시작하다　ダンスミュージック 댄스 뮤직　お勧め 추천　腹八分目 (조금 양에)덜 차게 먹는 것　意識 의식　二次会 (연회 등의) 2차 모임　事情 사정　撮影 촬영　乗せる 태우다　迎えに来る 마중 나오다　ありのまま 있는 그대로　受け入れる 받아들이다

自由に話しましょう

1. 電車やバスなどで忘れ物をしたことがありますか。
   詳しく話してください。

2. 落とし物を拾ったことがありますか。
   その時のことを話してみましょう。

3. 普段、財布の中にいくらぐらいお金を入れていますか。
   お金の他には何がありますか。

4. 今日、どんなかばんを持って来ましたか。そして、かばんの中に
   何が入っていますか。かばんを紛失して遺失物センターに行った
   と仮定して話してみましょう。

5. 市役所、区役所、住民センターに行ったことがありますか。
   どんな用事で行きましたか。

不動産屋(ふどうさんや)

イダンビ	あのう、すみません。この辺で部屋を探したいのですが。
不動産屋	はい、どんなお部屋がご希望でしょうか。
イダンビ	駅から歩いて行ける距離で、80,000円以下の所をお願いします。
不動産屋	わかりました。お部屋はいくつぐらい必要ですか。
イダンビ	一人暮らしなので、ワンルームで大丈夫です。古くてもいいのですが、南向きで、できればエアコンが欲しいです。
不動産屋	少々お待ちください。お待たせしました。こちらの2件です。これからご案内しましょうか。
イダンビ	はい、お願いします。

・・・

不動産屋　　こちらは66,000円です。木造ですが、二部屋あります。トイレとお風呂が別々になっています。

イダンビ　　和室なんですね。

不動産屋　　はい、畳のお部屋ですが、エアコンもついています。

イダンビ　　うーん…、和室でもいいのですが、なんだか暗いですね。

不動産屋　　では、次に行きましょうか。

・・・

不動産屋　　こちらは73,000円です。ここは割と新しいお部屋で、築3年です。

イダンビ　　きれいな部屋ですね。フローリングで、明るいし。

不動産屋　　そうでしょう。ドアはオートロックになっていて、階段やエレベーターには監視カメラが付いていますので、女性の一人暮らしには安心です。

イダンビ	でも、そのような設備が付いていると、管理費が高いのではないですか。
不動産屋	管理費は月々5,000円です。家賃と合わせると78,000円ですから、お客様のご予算に合うと思います。駅からは歩いて7分ですし。
イダンビ	そうですね。では、ここに決めます。
不動産屋	ありがとうございます。それでは、事務所へ戻って契約しましょうか。

> **メモ**

> **単語**
> 一人暮(ひとりぐ)らし 혼자 생활함　ワンルーム 원룸　木造(もくぞう) 목조　フローリング 플로어링(목재로 깐 바닥재)　オートロック 자동 잠금　エレベーター 엘리베이터　監視(かんし)カメラ 감시 카메라　設備(せつび) 설비　管理費(かんりひ) 관리비　契約(けいやく) 계약

✅ ポイントチェック①

1 ～てもいい　～해도 된다, ～(이)라도 된다

'최선이라고는 할 수 없지만 그 정도라면 괜찮다'는 양보를 나타내거나, 허가나 허용의 의미로 쓰인다.

- ここは音楽がうるさいので、あちらの席に移ってもいいですか。
- 寒いので、エアコンの設定温度を上げてもいいでしょうか。
- 明日お宅に伺ってもいいでしょうか。
- お手洗い、お借りしてもいいですか。

2 ～向き　～적합하다

어떤 일이나 조건 따위가 사물, 또는 그 사람에게 꼭 맞음을 나타내는 표현이다.

- 子供向きのアニメも意外と面白いですよ。
- 自宅介護をする人が増え、高齢者向きの住宅に人気が集まっています。
- やさしい英語で書かれているので、その本は初心者向きです。
- この店にある服は、中高年の女性向きのファッションですね。

3 なんだか　어쩐지, 왠지

원인이나 이유를 알 수 없음을 나타내며, 「なぜか」의 격의 없는 표현이다.

- なんだか落ち着かないです。
- なんだか誰かに見られている気がします。
- なんだか嫌な予感がする。
- なんだか最近疲れやすいんです。

4 割と　비교적, 상당히

'예상되는 것과 비교하면'이라는 의미.

- 使い勝手は割と良かったです。
- 雨の日って割と好きです。
- これは割と一般的な、堅苦しくない敬語の使い方といえます。
- 今日のスケジュールは割とゆったりしていて、午後の予定はありません。

単語

移(うつ)る 옮기다　設定(せってい) 설정　お手洗(てあら)い 화장실　介護(かいご) 간호　高齢者(こうれいしゃ) 고령자　初心者(しょしんしゃ) 초보자　中高年(ちゅうこうねん) 중장년　落(お)ち着(つ)く 침착하다　予感(よかん) 예감　使(つか)い勝手(がって) 유용성, 편리함　堅苦(かたくる)しい 딱딱하다, 거북하다　スケジュール 스케줄　ゆったり 느긋하게

引っ越し

친밀체

野口文子	引っ越し、するんだって?
古川孝夫	そう。
野口文子	もう、迷惑も我慢の限界? 右隣の人だったっけ、夜中にどたばた騒ぐって。
古川孝夫	ああ、それはもう解決したんだ。引っ越しして、いなくなったから。
野口文子	え、じゃあ、なんで?
古川孝夫	来年から家賃が値上がりするらしくて。1か月だけならたいした額じゃないけど。これからあと2年も住むからなあ。
野口文子	そりゃそうだね。

古川孝夫	学校の近くはやっぱり高いよね。
野口文子	で、どこに引っ越すの？
古川孝夫	それがまだ決まってないんだよね。…そうだ、明日、不動産屋に行って探そうと思ってるんだけど、つきあってくれない？
野口文子	いいよ。明日は特に予定はないから。

・・

古川孝夫	さっきのあのアパートは良かったなあ。今日見た中で、あれが一番良かったよ。
野口文子	新築ってやっぱりいいよね。ベランダもあるし。
古川孝夫	今より少し遠くなっちゃうけど、まあ仕方ないかなって。でも、ちょっと予算オーバーかな。
野口文子	だけど、アルバイトをすればなんとかなるんじゃない？あそこに決めたら？
古川孝夫	うーん、そうだねえ。でも、あのアパートは駅から徒歩10分って言ってたけど、実際にはどうかな。自分の足で歩いて確かめてみないと。
野口文子	そっか、じゃ、明日もう一度行ってみたら？

古川孝夫	うん。アパートの近くのスーパーとかコンビニとか、周りの様子を調べてみないと。
野口文子	そうだね。部屋だけ気に入ってもダメだからね。

単語
我慢(がまん) 인내　どたばた 요란스럽다　騒ぐ(さわぐ) 떠들다　値上がり(ねあがり) 가격 상승　新築(しんちく) 신축　オーバー 오버

ポイントチェック②

1 ～っけ　～던가, ~였더라, ~였지

회화체 표현으로 화자가 분명하지 않은 기억을 확인 또는 질문을 할 경우 쓰인다.

- ところで何の話でしたっけ。
- 提出期限はいつだっけ。
- 昨日の晩ご飯、何食べたっけ。
- 来週、日本に旅行に行くって言ったっけ。

2 ～らしい　～인(한)것 같다, ~라고 한다

어떤 상황을 근거로 하여 추측을 나타낸다.

- 駅前にデパートができるらしいですよ。
- 山本さんの旦那さん、お医者さんらしいわよ。
- 昨日、このカフェでドラマの撮影があったらしいよ。
- 無表情にしていると顔の筋肉が弱ってたるみの進行が早いらしいです。

3 たいした　별, 이렇다 할, 큰

뒤에 부정어가 따르며 '그다지 중대한 일이 아니다'라는 의미.

- 昨夜は少しだけ雪が降ったようですが、たいしたこともありませんでした。
- 交通事故にあいましたが、たいしたことないので大丈夫です。

- たいした問題でもないのに、まだ解決できずにいる。
- たいした額ではないが、罰金を払うのは辛い。

4　～てみる　～해 보다

어떤 행위를 시도한다는 의미로 이 경우 보조동사인 「みる」는 한자로 표기하지 않는다.

- 専門の先生に聞いてみました。
- ウンパ公園を久しぶりに歩いてみました。
- 私のおすすめの音楽、聞いてみて。
- この本読んでみて、面白いよ。

5　気に入る　마음에 들다

어떤 사물이나 사람의 기호·취향에 맞음을 의미한다.

- 私はこの赤いかばんが気に入っているんです。
- 3年前に買った靴だが、歩きやすくて気に入っている。
- 値段も手頃で気に入ってます。
- 彼の態度がどうしても気に入らない。

単語

期限 기한　無表情 무표정　筋肉 근육　弱る 약해지다　たるみ 느슨함　進行 진행　罰金 벌금　手頃 적당함　態度 태도

自由に話しましょう

1. 一人暮しをするなら、どんな所に住みたいですか。希望の条件を話してください。

2. 今、どんな家に住んでいますか。詳しく話してください。

3. 今までに何回くらい引っ越しをしたことがありますか。また、引っ越しで大変なこと、困ることは何ですか。

4. アパートやマンションなどの集合住宅に住みたいですか。それとも、一戸建ての家に住みたいですか。理由も言いましょう。

5. 外国に移住するとしたら、どこの国に行って何をしたいですか。

コンピューター

정중체

イダンビ	もしもし、教えてほしいことがあるのですが、今大丈夫ですか。エクセルでリボンが消えてしまって…。
岡村健	画面を見れば、すぐに戻せるのですが…。そうですね、リモートアシスタンスという機能を使って、こちらから操作しましょう。
イダンビ	リモートアシスタンスというのは何ですか?
岡村健	自分のパソコンの画面を、離れた場所にいる相手のパソコンに表示させて、操作してもらうことができる機能です。パソコンに詳しい友だちや家族に、遠隔操作で助けてもらえるんです。今、パソコンは、インターネットに接続されていますか。

イダンビ	もちろんです。
岡村健	それでは、まず「スタートメニュー」のコンピューターを右クリックして「プロパティ」をクリックしてください。それから、「リモートの設定」をクリックしてみてください。
イダンビ	「リモートタブのこのコンピューターへのリモートアシスタンス接続を許可する」をオンにして、OKをクリックすればいいんですね。
岡村健	はい。次に、スタート、すべてのプログラム、メンテナンス、ウィンドウズリモートアシスタンスの順にクリックしてください。
イダンビ	ウインドウズリモートアシスタンスのウィンドウが表示されました。ここでは「信頼する人を招待して助けてもらいます」をクリックするんですね。
岡村健	そうです。次の画面で、「電子メールを使用して招待を送信する」をクリックしてください。
イダンビ	宛先にあなたのメールアドレスを入力して送信しますね。

岡村健	メールが届きました。そちらの画面に表示されているパスワードを教えてくれますか。
イダンビ	「M6SFACVE3HDF」と表示されています。
岡村健	わかりました。そのパスワードをこちらの画面上で入力して、OKをクリックします。
イダンビ	接続を許可するかどうか、確認するメッセージが表示されました。「はい」をクリックします。
岡村健	それでいいです。私のパソコンに、あなたのパソコンのデスクトップが表示されています。この「制御の要求」をクリックすると、そちらにメッセージが表示されるはずです。
イダンビ	「デスクトップの制御を共有することを許可しますか」というメッセージが出ました。「はい」をクリックしますね。
岡村健	これで、あなたのパソコンを操作できるようになりました。どれどれ、エクセルの画面を開いて…これでどうですか。
イダンビ	あっ、リボンが出ました。おかげで元どおりになりました。ありがとうございます。

単語

エクセル 엑셀　リボン 리본　リモートアシスタント 리모트 어시스턴트(원격 조종)　操作 조작　遠隔 원격　接続 접속　スタートメニュー 시작버튼　クリック 클릭　プロパティ 프로퍼티(컴퓨터 파일이나 주변 기기 등의 각종 설정이나 특성에 관한 정보)　タブ 탭　プログラム 프로그램　メンテナンス 메인터넌스　ウィンドウズ 윈도우　順に 차례로　パスワード 패스워드　デスクトップ 데스크톱　制御 제어　共有 공유

ポイントチェック①

1 ～される（無生物の受け身）　～받다, ~되다(무생물의 수동)

「する」의 수동형으로, 어떠한 동작이나 작용의 영향을 받는 것을 주어로 하여 서술할 때 쓰이며 주로 사실을 나타내는 묘사문·보도문 등에서 쓰인다.

- このマンションは監視カメラが設置されていますから安心です。
- この小説は有名な作家によって書かれました。
- 弊社の商品はこの度、皆様に愛されて30周年を迎えることができました。
- ファイルはロックされています。

2 ～にする　～로 하다, ~되게 하다

'어떤 상태가 되게 하다'와 선택과 결정을 나타내는 '정하다' 의미로 쓰인다.

- 薬物の乱用は、あなたとあなたの周りの社会を駄目にします。
- 進路を決定するとき、誰の意見を参考にしますか。
- 予習・復習を習慣にしてください。
- 夏は特に衛生面が気になるので、台所は常に清潔にしています。

3 ～になる　~(이)가 되다, ~해지다

상태의 변화를 나타내며, 「가능동사+ようになる」, 「명사/형용사+になる」와 함께 쓰인다.

- 日頃から正しい言葉遣いができるようになりましょう。
- 春は気温が暖かくなり、外に出る機会が増えて活動的になります。
- 大掃除して、足の踏み場の無かった部屋も、ずいぶんきれいになりました。

- 職場に歩いて行くようになってから、少しスリムになりました。

4 どれどれ　어디

「どれ」의 겹친 말로 남에게 '나도 좀 보자'라는 뜻으로 재촉 의미로 쓰이는 감탄사.
- どれどれ、味見してみようか。
- どれどれ、お手並拝見いたしましょうか。
- どれどれ、見せてごらん。
- どれどれ、お父さんがやってみよう。

5 元どおり　원래대로

사물이나 사람이 '처음 있었던 것과 같이' 또는 '본래대로' 의미로 쓰인다.
- 使ってもいいけど、後で元通りの場所に片づけてね。
- 転んで曲がったサドルを修理屋さんがきれいに元通りにしてくれました。
- あの二人、しばらくは険悪なムードだったけど、今は元通りの関係に戻ったみたい。
- お陰様で体調が、ほぼ元通りになりました。

単語

設置 설치　弊社 자기회사의 겸칭　ロック 잠금　薬物 약물　乱用 남용　駄目にする 망가뜨리다　進路 진로　参考 참고　予習 예습　復習 복습　習慣 습관　衛生面 위생면　常に 항상　清潔 청결　日頃 평소　言葉遣い 말씨, 말투　踏み場 발 디딜 곳　スリム 슬림　味見 맛보기　お手並拝見 (상대의) 솜씨를 보다　転ぶ 구르다　サドル (자전거 따위의) 안장　修理屋さん 수리공　険悪 험악　ムード 무드　お陰様 덕분에

インターネット

친밀체

野口文子	最近、友達が買い物に付き合ってくれなくて。
パクキヒョン	なんで? 忙しいから?
野口文子	ううん。店よりインターネットで買う方が便利だからだって。
パクキヒョン	ああ、最近は多いよね。インターネットで買い物をする人。
野口文子	そうそう。重い物も運ばなくてもいいし、店より安い物も多いし。
パクキヒョン	インターネットだと、実際の商品がどうなのかわかりにくいっていう問題点はあるけどね。
野口文子	そうだよね。私は何かを買う時は必ずさわってから買うんだ。洋服だってかばんだって、さわれば

	だいたいその商品の品質がわかるからね。
パクキヒョン	確かにそうかもね。僕がインターネットショッピングを利用しないのは、便利だからつい買いすぎてしまうからなんだけどね。
野口文子	それもたしかに問題点の一つだね。パソコンっていうと、普段はワードぐらいしか使わないんだけど、やっぱり便利だよね。スマートフォンより画面が大きくて、キーボードだってあるし。
パクキヒョン	うん。ネットショッピングの他にもネットバンクだってできるし、見逃したテレビ番組や映画を見たり…。
野口文子	趣味のサイトも充実してて、年齢や性別に関係なく誰でも利用できるのがいいよね。
パクキヒョン	文子、ブログやってるんでしょ？
野口文子	そう。毎日写真載せたり、コメント書いたり。
パクキヒョン	すごいね。 そういえば、何日か前にネットの掲示板に書き込みをしたんだけど、僕の意見に対してすごく反発する人がいたんだ。
野口文子	どんなことを書かれたの？
パクキヒョン	論理も何もなくて、僕からしたら単なる悪口だよ。
野口文子	それはひどいね。

パクキヒョン	その人の気持ちがわからないでもないけど、匿名とはいえ、最低限のルールは守ってほしいよね。
野口文子	匿名だと自由に書き込めるけど、モラルが問題になってくるよね。
パクキヒョン	そうだね。その分、気をつけなきゃ。

単語

品質 품질　キーボード 키보드　ネットバンク 인터넷뱅킹　見逃す 놓치다　サイト 사이트
ブログ 블로그　書き込み 댓글　反発 반발　論理 논리　匿名 익명　ルール 룰　モラル 도덕성

ポイントチェック②

1 ～だって   ～이래, ~이란다

다른 사람에게 들은 정보를 근거로 한 전문 표현으로, 회화문에서 남녀 구별 없이 쓰이는 격의 없는 표현이다.

- さっき聞いたんだけど、今日の授業は休講だって。
- これ、若者に人気があるんだって。
- 聞いた話なんだけど、佐藤君、5か国語話せるんだって。
- 同じ課の山本君、宝くじに当たったんだって！

2 ～に関係なく   ~에 관계없이

날씨・성별・연령 등의 '차이에 관계없이', '그 차이를 문제 삼지 않고'라는 의미를 나타낸다.

- この喫茶店は昼夜関係なく24時間営業しています。
- 寿司は国内外に関係なく人気があります。
- 場所に関係なく、語学学習ができるアプリケーションが増えました。
- 経験の有無に関係なく、誰でも働けます。

3 すごく   대단히, 무척

정상의 정도를 넘어 놀라움을 나타내는 말.

- 雰囲気がすごくいいお店でした。
- 自分の言ったことが、後になってすごく気になります。

- すごく腹が立ったから、帰ってきちゃった。
- 日本旅行、すごく楽しかったです。

4 単なる　단순한

- 俳句の5・7・5の17文字は単なる短文ではありません。
- 単なる子供同士の喧嘩だから気にすることはないですよ。
- 単なる語学留学で終わらせないために、積極的にイベントに参加しようと思っています。
- 登山では、単なるミスが命取りになる。

5 ～ないでもない　～지 않는 것은 아니다, 혹시 ～지도 모르다

이중부정으로 '전혀～지 않은 것은 아니다'는 의미로 조금은 '～의 가능성이 있다'는 뜻을 나타낸다.

- 残念だと思わないではないが、そう思ったとてしかたがない。
- ちょっと釈然としない気がしないでもないのですが。
- 君がそこまで言うなら、連れて行かないでもないがミスしないでくれよ。
- 炎天下での仕事はきついが、このくらいなら耐えられないでもない。

単語

休講 휴강　昼夜 밤낮　国内外 국내외　アプリケーション 어플리케이션　有無 유무　俳句 하이쿠　短文 단문　同士 (명사에 붙어)～끼리　積極的 적극적　イベント 이벤트　登山 등산　ミス 실수　命取り 치명상　残念だ 유감이다　釈然 석연　炎天下 더운 날씨　きつい 힘들다　耐える 참다

自由に話しましょう

1. パソコンを使っていて、困ったことは何でしたか。その時のことを話しましょう。

2. インターネットで買い物をするのと、実際に店に行って買い物をするのでは、どちらがいいですか。

3. インターネットを利用して、不愉快な思いをしたことがありますか。また、気をつけるべきことは何ですか。

4. パソコンとスマートフォンをどのように使い分けますか。どんな時にパソコンを使って、どんな時にスマートフォンを使うか、話しましょう。

5. スマートフォンを使って、通話以外にどんなことをしますか。詳しく話してください。

第13課

정중체

自己紹介書Ⅰ

● 男子学生 ●

［成長過程］

　私は幼少期から共働きだった両親の代わりに、弟の世話をしてきました。そのためか、気配りがよくできると言われてきました。大学入学後に入った日本語サークルでも、1年生でしたが、先輩から企画部長に推薦されました。ある日、会議でイベントの説明をメンバーにしていた時のことです。聞き間違いがないよう、私は細部まで丁寧に話しました。しかし、聞き手の反応がよくありませんでした。会議の後、友だちに相談したところ、「実は、話が長すぎてよくわからなかった」という返事が返ってきました。一生懸命、説明したと思っていただけに衝撃的でした。落ち込みましたが、私は長い説明がかえって理解を妨げるというこ

とに気付きました。以後、説明をする時は、ポイントをおさえ、簡潔に話すようにしています。この話し方を心掛けたおかげで、今では以前よりもスムーズに相手に伝えられるようになったと思います。これからも、聞き手の立場に立った「わかりやすい話し方」を常に考えていくつもりです。

［性格および信念］

人と人との距離を縮めることができる最も基本的なツールは、あいさつだと思っています。高校の時、クラスメートたちと馴染めない同級生がいました。学級委員長だった私は、心を開いてもらおうと試行錯誤しましたが、変化はありませんでした。それでも、朝会った時には、必ずあいさつをし、何か一言話しかけていました。しかし、状況は良くならないまま、彼は両親の都合で転校することになってしまいました。転校する前日、その同級生は私に手紙をくれました。そこには、「毎日、声をかけてくれて嬉しかった。ありがとう」と書かれていました。その文章を見た瞬間、私の気持ちは確かに伝わっていたということを知り、胸がいっぱいになりました。この経験から、どんな相手でも、こちらから心を開いて歩み寄れば、必ず理解してくれるということを学びました。「あいさつ」そしてその後の「＋αの一言」はその第一歩ではないでし

ょうか。私はこれからも、この二つのことを心がけ、持ち前の明るさを活かし、社会に出てからも人々とより良い関係を築いていきたいと思っております。

［関心分野および希望する業務］
　私は、外国語を学ぶことが人一倍好きです。言語を学ぶ上で一番の醍醐味は、外国語で自分の伝えたいことを表現することだと思います。話すことが好きなので、コミュニケーションに関連する本をよく読んでいます。本を読んで勉強になったことは、他人と意見が噛み合わない時は、「どうしてわかってくれないのか」ではなく、「相手は何を伝えたいのだろう」という気持ちを大事にするということです。私は「営業」を希望しております。「営業」という仕事は、たくさんの人と接するため、相手との考えのミスマッチが生じやすいと思います。しかし、私は相手の話に傾聴し、考え方の違いを理解することで、より良い関係が築けると考えております。

［志望理由および入社後の抱負］
　「会社を取り巻く人々のことを考えることは結果的に会社のメリットに繋がるんです」会社説明会でそうおっしゃった、担当者の言葉に心を打たれました。貴社がどれだけ社員やお客様の声を大切にしているかということがよく分かり、働きたいという思いがますます強くなりまし

た。「生産よりも人を大事に考える」という精神は、様々な人が関わる物流の世界になくてはならないものだと思っています。貴社の一員として、働くことができましたら、一人一人のニーズを把握できるよう、日々邁進していくつもりです。

単語

幼少期 어린 시절　共働き 맞벌이　気配り 배려　サークル 동아리　企画 기획　推薦 추천　(理解を)妨げる (이해를) 막다, 방해하다　簡潔 간결하다　スムーズ 순조롭게 진행되다　ツール 도구,수단　試行錯誤 시행착오　意見が噛み合わない 의견이 맞지 않는다　ミスマッチ 걸맞지 않음　生じる 생기다　傾聴 시청하다　メリット 장점　心を打たれる 감동받다　物流 물류　ニーズ 요구　把握 파악　邁進 매진

ポイントチェック①

1　心がける　유의(留意)하다, 명심하다

항상 마음에 새겨 두어 조심하여 관심을 가지는 것.

- 普段からできるだけ歩くように心がけています。
- 毎日、なにかひとつ良い事をしようと心がけている。
- 会話が途切れないように間をつなごうと心がけました。
- その日にやるべきことを後まわしにしないよう心がけています。

2　醍醐味　묘미

사물에 대한 참다운 즐거움을 느끼게 하는 깊은 맛.

- 僕は幼少期に父に釣りの醍醐味を教わりました。
- 読書の醍醐味は自分の想像の世界に入り込めることだ。
- 思いもかけない出来事があることも、旅の醍醐味であると言えますね。
- 悩んだり胸がキュンとするのも恋の醍醐味です。

3 〜ておる　〜하고 있다

「〜ている」의 겸양 표현으로, 일상적으로 계속되고 있는 행위(취미, 일과 등)를 나타내고 있다.

- いつもお世話になっております。
- その件に関しましては、よく存じております。
- みなさんからの体験談をお待ちしております。
- お心づかいに深く感謝しております。

単語

途切れる 중단되다　間をつなぐ 사이를 잇다　後まわし 뒤로 미룸　教わる 배우다　入り込む (숨어)들어가다　思いもかけない 뜻밖이다　キュンとする 두근거리다　存じておる 알고있다 「知っている」의 겸양어　体験談 체험담　(お)心づかい 배려

自己紹介書Ⅱ

정중체

● 女子学生 ●

［成長過程］

　高校の時、韓国語に翻訳された日本のマンガを読んだところとても面白く、いつか日本語で読んでみたいと思い、独学で勉強してきました。勉強を進めるうちに、より深く学びたいという思いから、大学では日本語を専攻しました。そして、日本語の実力を更に上げるため、日本への交換留学を決心しました。留学中は、文化の違いに戸惑うこともありましたが、外国で1年間過ごしたという経験は、私に困難に立ち向かう勇気と自信を与えてくれました。

［性格および信念］

　私のモットーは、「何事も慎重に、再確認を怠らない」です。私は留学中、事務のアルバイトをしておりました。慣れないコピー機やパソコンでの作業に、最初はミスや失敗を繰り返していました。これではいけないと思い、自分の仕事のやり方を見直すことにしました。まず、頼まれた仕事を順にこなしていくのではなく、作業にかかる時間や期限を考慮し、優先順位を決めました。そして、どんなに完璧だと思っている仕事も再確認を怠らず、正確さを徹底しました。他にも、パソコンでの作業に慣れるために、大学の課外授業で、業務に必要な操作を学びました。その結果、いつしか私は「ミスのないダンビさん」として課の人たちから信頼されるようになりました。この経験を通して、私は以前よりも慎重に物事が行えるようになったと思います。

［関心分野および希望する業務］

　アルバイトでパソコンの作業をしたことがきっかけで、もっと上手に使いこなしたい、という思いが強くなりました。留学から帰ったあともパソコンの授業を受講し、今では自分のホームページも作れるようになりました。現在は、効果的な広告の作り方に関心があり、フォトショップを使った視覚的デザインについて勉強しております。専攻の日本語

も、更なるスキルアップのため、通訳や翻訳のボランティアに積極的に参加しています。今まで培ったパソコンと日本語の知識と技術を活かすため、私は事務の分野で活躍したいと考えております。

［志望理由および入社後の抱負］

　化粧品会社で働いている母の影響を受け、幼い頃から化粧に関心がありました。雑誌の化粧関連の記事を切り取ってファイルを作ったりもしました。様々な雑誌を読むうちに、御社の商品が高い評価を得ているということを知り、自然と御社の商品を愛用するようになりました。大学1年生の時、趣味が高じ、他の人にも化粧をしてみたいと思うようになり、友人に頼んで化粧をさせてもらったことがあります。化粧が終わり、鏡を見た友人は、「こんなにきれいになれると思わなかった。自分に自信がついた」と満面の笑みで喜んでくれました。その時、最も多く使ったのが、御社の商品でした。このことから、私はより多くの方に御社の商品の良さを伝えたいと思っております。入社することができましたら、一日でも早く、一人前の事務員になれるよう、努力いたします。

> **単語**
>
> 戸惑(とまど)う 망설이다　モットー 좌우명, 모토　何事(なにごと)も 어떤 일, 모든 일　再確認(さいかくにん) 재확인　こなす 잘 해내다　考慮(こうりょ) 고려　優先順位(ゆうせんじゅんい) 우선순위　物事(ものごと) 매사　使(つか)いこなす 자유자재로 쓰다　スキルアップ 스킬 업　培(つちか)う 배양하다　御社(おんしゃ) 상대 회사나 신사를 높여 부르는 말　愛用(あいよう)する 애용하다　高(こう)じる (정도가) 심해지다　満面(まんめん)の笑(え)み 만면의 미소　一人前(いちにんまえ) (능력, 기술 따위가) 제구실을 할 수 있게 됨

【第 13 課】自己紹介書Ⅱ

✓ ポイントチェック②

1 ～がきっかけで　～을 계기로

어떤 일을 시작하게 된 직접적인 원인이나 기회.

- あの二人は共演がきっかけで付き合いはじめたらしい。
- 雑誌で目にした記事がきっかけで、この職業を知りました。
- 幼い頃に親しんだ絵本がきっかけで身近な自然に興味を持つようになりました。
- 健康診断の結果がきっかけで、やせようと思いました。

2 活かす　살리다

능력·성능 등 그것이 지닌 특유의 뛰어난 성질을 충분히 발휘하는 것.

- この料理は素材の味をうまく活かしている。
- 自分の才能を十分に活かせる仕事を探す。
- 長年の経験を活かして、新入社員の教育に携わっています。
- 外国にいるという利点を活かして、多角的に情報を集めています。

単語
共演(きょうえん) 함께 출연 함　目(め)にする 보다　素材(そざい) 소재　新入社員(しんにゅうしゃいん) 신입사원　多角的(たかくてき) 다각적

自由に話しましょう

1. 高校生の時の夢と今の夢は変わりましたか。
   また、どうして変わりましたか。

2. どんな職場が働きやすいと思いますか。

3. あなたの長所と短所は何ですか。

4. 大学に入学してから頑張ったこと、これから頑張りたいことについて話してください。

5. 会社の面接ではどんなことを聞かれると思いますか。
   質問を考えてみましょう。

第14課

面接 I
めんせつ

정중체

● 男子学生 ●

Q1) 自己PRをお願いします。

　私は「縁の下の力持ち型のリーダー」だと思います。私の中学、高校時代は入試の為の勉強が中心で、個人的な時間が多くなりがちでした。そのため、大学入学後には人と時間を共有できることがしたいと思い、思いきって学科の学生会のメンバーになりました。そこでは、主に学科の行事を円滑に進めるために、企画、費用の管理等を行いました。そのような中でも、私が特に意識したのは、「人と人」の交流です。大学は高校までとは違い、人との付き合いが多少希薄になる傾向があります。また積極的な学生がいる反面、行事等に消極的な学生がいるのも事実です。そこで私は「学年を越えた交流」「先生方と学生との交流」を常に

念頭に置き、さらに活気ある学科作りに励みました。例えば、MTは新入生が最も多く参加する行事であり、最初の共同行事となりますから、その機会に先生方とゆっくりとお話ができるような時間を設けたり、俳句や詩などの展示会では先生方にもご協力を頂き、他の学科の学生にも参加してもらいました。その結果、たくさんの方々にご覧いただき、好評を得ることができました。このように、私は前に出るタイプのリーダーではありませんが、周囲の状況を把握し、周りへの説明、協力の打診等、努力を惜しまず動けるタイプだと自負しております。

Q2) 学生生活で力を入れたことは何ですか。

　私は中学、高校、大学を通して、続けてきたことの中にボランティア活動があります。きっかけは、私の父が障害者のためのボランティアに参加したことでした。正直なところはじめは、平日も仕事で忙しい父がなぜ週末まで自分の時間を割いて、そこまでするのかと半信半疑ながらも、好奇心が強い私は週末の時間を利用し、ついていくようになりました。そうするうちに、ボランティアに対する考え方も変わりました。ボランティアは「誰かのためにすること」「人の役に立つこと」だと思い込んでいましたが、実は自分が学ばせてもらうことが多く、むしろ「勉強させていただく機会」であるということに気付かされたのです。それからは、自分がしたいことではなく、相手が求めていることを最優先に行動しました。このようなボランティアを通して得た「社会的課題の解

決」への関心は社会に出てからも、有用に働くと信じています。

Q3）志望動機を話してください。

　貴社は今回、海外営業を募集なさっており、特に日本への出張が多いと伺いました。フットワークが軽い私には打ってつけだと思います。また体力はもちろん、協調性、おもいやり、そして何より時間を惜しまず取り組んできた日本語など学生時代に学んだことは私の一生の財産になっています。これらを活かした仕事がしたいと思い、営業職を希望いたしました。

　少しでも早く貴社の仕事を覚え、上司、先輩の手となり足となって働き、顧客ニーズの動向の把握、新規顧客獲得に対し、積極的に行動し貴社の売り上げ・利益獲得に努めます。よろしくお願いいたします。

Q4）あなたのやりたいことと、弊社の仕事はどれぐらい合致していますか。またどのように活躍したいと思っていますか。

　私を営業職として採用していただき、さらに日本担当にしていただけるなら、100%だとお答えできます。もちろん、御社はこの業界をリードする存在ですから、新しい商品がどんどん登場すると思います。進化を続ける御社の商品の魅力と日本の消費者の架け橋になることができれば、私は水を得た魚のように、韓国と日本を飛び回ります。また企業説明会では教育制度が大変充実していると伺いました。私はこのような機

会を最大限に活かし、不足している部分は周囲よりも何倍も努力して吸収させていただく所存です。そして、御社にふさわしい社員となり、御社の名をさらに広めたいと思います。

単語

縁の下の力持ち 숨은 공로자　入試 입시　共有 공유　円滑だ 원활하다　企画 기획　希薄だ 희박하다　念頭に置く 마음속에 두다　設ける 마련하다, 설치하다　好評 호평　打診 떠봄, 알아봄　惜しむ 아쉬워하다　障害者 장애인　気付く 알아차리다　有用だ 유용하다　おもいやり 배려　動向 동향　獲得 획득

✅ ポイントチェック①

1　～がち　～하는 경향이 있다

「동사ます형+がち」,「명사+がち」에 붙으며 '～할(일) 때가 많다(잦다)'는 의미로 뒤에 좋지 않은 상황을 나타낸다.

- 彼は仕事が忙しくて、家を留守にしがちだ。
- 体力が落ちて病気がちになった。
- 低カロリーだと思われがちだが、そうめんは結構カロリーが高い。
- 親世代が豊かになってくると、その子供たちは大切な資源を無駄なく使う心が失われがちです。

2　思いきって　결심하고, 과감하게

망설임 없이 어떤 일을 결심하고 행하는 모습.

- 読み終わった本などは、思いきって処分することも必要です。
- 大手企業でライバルも多いが、思いきってエントリーしてみた。
- 年功序列にとらわれず、若手を思いきって登用しました。
- 理不尽な上司に、思いきって自分たちの意見をぶつけることにした。

3 　～反面～ 　～반면~

어떤 대상에 관한 사실을 말하고 난 뒤, 생각해보면 다른 성향도 동시에 있음을 나타내는 표현이다.

- 親にとって子どもの成長は嬉しい反面、さみしいものがある。
- 人間ほど素晴らしいものはないが、反面愚かな存在でもある。
- プラスの評価があった反面、「横柄である」などの評価もあった。
- インターネットの情報は便利な反面、信憑性がないものやデマも多い。

4 　～に励む 　～에 힘쓰다

열심히 분발하여 열중하다의 의미.

- 仕事と育児の両立に励む女性が増えている。
- 毎日、夜遅くまで演劇の練習に励む姿に心を打たれる。
- 真面目で素直で人柄もよく、いつもコツコツとレッスンに励んでいる。
- 転職や就職を少しでも有利にしようと資格の取得に励んでいます。

5 半信半疑　　반신반의

얼마쯤 믿으면서도 한편으로는 의심하여 어느 쪽도 결정하지 못한 상태인 화자의 생각을 나타낸 표현이다.

- スピーチ大会で最優秀賞と聞いたとき、最初は半信半疑だった。
- 第一志望の会社からの採用通知に半信半疑の状態だ。
- そのうちに治ると言われ半信半疑でしたが、半年経つといつの間にか痛みも消えました。
- 半信半疑で飲み始めたビタミン剤だったが、意外と効果が出た。

6 打ってつけ　　안성맞춤

생각한대로 조건이나 상황이 어떤 경우나 계제에 잘 어울림.

- 海水浴に打ってつけの天気だ。
- 君は今回のプロジェクトに打ってつけの人材だ。
- 重要な部分にマーカーを引くだけでポイントが頭に入って、試験勉強には打ってつけの方法でした。
- 就職先としては昔気質なところほど職人の腕がよく、修行を積むには打ってつけだ。

メモ

単語

留守 집을 비움, 부재중　資源 자원　大手企業 대기업　年功序列 연공 서열　とらわれる 얽매이다　若手 한창 나이의 젊은이　登用 등용　理不尽 도리에 맞지 않음　ぶつける (불만 등을) 마구 터뜨리다　愚かだ 미련함　横柄だ 방자하고 거만함　信憑性 신빙성　デマ 헛소문　人柄 인품　コツコツ 꾸준히　第一志望 제일 지망　引く 긋다　昔気質 옛날 기질, 완고한 기질　修行を積む 수행을 쌓다

面接 Ⅱ
めんせつ

정중체

● 女子学生 ●

Q1）自己PRをお願いします。

　私の座右の銘は、「やればできる」です。世間でよく使われているありきたりな言葉だと思われるかも知れませんが、私はこの言葉を胸に今まで前進してまいりました。中学一年の時、教室の黒板の上に大きな字で書かれた紙が張ってあったのです。私はそれを毎日、目にするうちに、頭と胸に刻み込まれました。そして、勉学であれ、友人関係であれ、何か物事が上手く進まない時や辛いことがある時には、この言葉を唱えます。「やればできる」と信じることができれば、挑戦する勇気と途中で諦めない継続する力が湧いてきます。この積み重ねで難しいと言われていた志望大学にも合格でき、奨学金もいただきました。良い結果が、さらなる「やる気」を生むのです。このサイクルが私の中にはしっ

かりとでき上がっています。もちろん、社会人になれば、学生時代とはまた違う大きな困難が押し寄せてくると思います。しかし、私は入社後も、この言葉を信じ、困難な状況は自分を高めるチャンスであると考え、前向きに取り組んでいきたいと思います。

Q2) 学生生活で力を入れたことは何ですか。

私の専攻である日本語の上達です。高校では第二外国語で日本語を選択していたのですがその時はクラスの中でもできる方でしたので、正直自信がありました。しかし、大学に入ったとたん、甘かったと気付きました。上手い学生はずば抜けて上手いのです。自分がとても中途半端だと感じました。そこで私はとにかく日本語に触れる機会を増やそうとしました。例えば、どうせテレビを見るならと、勉強を兼ねて日本のドラマを見始めました。そして、友人数人とドラマに出た表現などをお互いに確認するようになり、それがだんだん本格的なスタディのようになりました。また空き時間にはネイティブの先生の研究室にお邪魔して、会話の相手をしていただきました。これはとても贅沢な時間でした。私たち数人のために時間を割いてくださった先生のおかげで会話に自信がもてるようになりました。また日本公報文化院では毎年、「外国語スピーチ大会」が開かれています。私は3年生の時に思い切って参加したのですが、「奨励賞」でした。最初は本選に進めただけでも良かったと思いましたが、終わってみるとさらに欲がでてきて、4年生の時に再チャレンジしました。すると「金賞」が獲れました。私にとっては、2年がかりの一

大イベントでしたから非常に嬉しかったです。今では日本語は私にとって、活力を与えてくれる存在だと言えます。

Q3) 志望動機を話してください。

　学生時代の日常は日本文化と日本語にどっぷりと浸かっていたと言っても過言ではありません。そのため、就職するにあたり、やはり「日本語を手段にして仕事がしたい」と常々考えておりました。私は御社の一ファンだと思っております。私の携帯電話も、パソコンも御社の製品だからです。私は電化製品には人一倍こだわりがありまして、消費者の立場でいつも他社製品との比較をしてから購入してまいりました。ですので、私は御社の商品が利用者にとって使いやすいものであるということを知っているつもりです。御社の取扱い商品について自分の身をもって実感し、その商品のファンであるということはとても大事なことではないでしょうか。ですから、私は自分の日本語の実力を手段とし、御社の一員となり、ぜひ仕事をさせていただきたいと考えました。

Q4) あなたのやりたいことと、弊社の仕事はどれぐらい合致していますか。またどのように活躍したいと思っていますか。

　世の中に自分の関心分野を仕事にできる人が一体どのくらいいるでしょうか。しかし、もし私が御社で働くことができるようになれば、それは私にとって完璧な理想形です。今までいかにして日本語をマスターするかということを意識して過ごしました。そんな日々の中で培ってきた

日本語を手段として、御社の製品に携わることができれば、こんなに幸せなことはありません。もちろん、今までは客目線でしたが、これからは社員目線も併せ持ち、御社と海外取引先との間に入り、円滑で正確な対応を目指したいと思います。

単語

座右の銘 좌우명　世間 세상　刻み込む 새겨 넣다　唱える 외치다　湧く 솟다　積み重ね 축적　奨学金 장학금　生む 낳다　サイクル 사이클　上がる 완성되다　押し寄せる 몰려들다　取り組む 몰두하다　甘い (생각이)안일하다　ずば抜ける 뛰어나게 우수하다　どっぷり 듬뿍　浸かる 잠기다　こだわり 구애됨　取扱い商品 취급상품　併せ持つ 겸비하다, 둘 다 갖추다

ポイントチェック①

1 ありきたり　흔한, 진부한

사상·표현·행동 따위가 낡고 새롭지 못하고 세상에 얼마든지 있는 모양.

- 楽しみにしていたのに、ありきたりなストーリーでがっかりした。
- ありきたりの発表にしたくなかったので、色々と案を練った。
- この小説は「傑作」というありきたりの言葉では評価できない、画期的な小説であると思います。
- 風邪をひいた時は、ありきたりな生活がどれだけ大事かわかる。

2 ～うちに　～동안에

어떤 상태가 지속되는 것으로 시간적 개념의 의미가 담겨져 있다.
「～ないうちに」는 '～하기 전에' 의미로 사용된다.

- 昨夜のうちに昆布でだしを取っておきました。
- 若いうちにたくさん旅行に行っておいたほうがいい。
- これからどうするのかと考えていくうちに、自然とすべきことがみえてきます。
- どうぞ冷めないうちに、召し上がってください。

3　～であれ～であれ　～든지~든지

상황을 열거하여 어떤 경우가 되든 판단이나 행위에 영향을 미치지 않음을 나타낸다.

- 男の子であれ女の子であれ、赤ちゃんが元気ならそれでいい。
- 先生であれ、親であれ、子どもの意見には耳を傾けましょう。
- 部下であれ、新人であれ、相手に対して敬意を持っています。
- お参りする対象が神であれ仏であれ、さして意識の違いを感じない。

4　～たとたん　～한 순간

돌발 상황이 일어나서 갑작스러운 변화에 놀라움을 표현할 경우에 쓰여지며 「과거(た/だ)+とたん」으로 활용된다.

- 家を出たとたん、かみなりが鳴り出した。
- 窓を開けたとたん、大きな虫が飛び込んできて驚いた。
- 人がいなくなったとたん、上司は私にむかって文句を言ってきた。
- タクシーは、工事現場を通り過ぎたとたん、さっきまでの渋滞が嘘のように走りはじめた。

5 ～がかり　～에 걸려서

주로 사람 수나 숫자를 나타내는 말에 붙어 어떤 일을 하는 데 그만큼의 인수(人数)·일수(日数)를 나타내는 의미로 사용된다.

- 4年がかりでしたが、最後には私が勝ちました。
- 5か月がかりでようやく気に入る部屋を見つけた。
- 多勢に無勢、3人がかりで押さえつけられてしまった。
- このシューズは、姿勢矯正のため1年がかりで開発したものだ。

6 人一倍　남보다 배나

어떤 상황에서 보통사람 이상의 힘이나 역량을 보여 줄 때 사용되는 표현이다.

- 私の父は冬の寒さに人一倍強い。
- 人一倍緊張する性格なので、大勢の前で話すのは苦手です。
- 私は男だから、女だからという差別・区別に人一倍敏感です。
- 人一倍の努力を惜しまず続けた結果、ようやく認めてもらえた。

単語

(案を)練る (안을)짜내다　傑作 걸작　画期的 획기적　昆布 다시마　だしを取る 국물을 우려내다　耳を傾ける 귀를 기울이다　敬意 경의　お参りする 신불을 참배하러 감　仏 부처님　さして 별로, 그다지　多勢に無勢 적은 인원으로 많은 사람을 당할 수 없다(중과부적)　姿勢矯正 자세 교정

就職活動 しゅうしょくかつどう

친밀체

イダンビ	就活うまくいってる?
古川孝夫	全然だめ。就職率いいってニュースでやってるけど、僕には関係ないみたい。
イダンビ	孝夫は私よりもたくさんエントリーしてたよね。すごく忙しそうだけど、体調は大丈夫?
古川孝夫	うん。なんとかね。来週もまた面接。もうそろそろ決まってほしいよ。 ダンビは今まで何社くらいエントリー出したの?
イダンビ	10社かな。最終面接まで行ったのは2社だけど、まだ、結果待ち。
古川孝夫	そっか。内定もらえるといいね。どんな企業受け

	てるの?
イダンビ	大手の化粧品会社だよ。私は働くなら大企業の方がいいと思ってるんだ。
古川孝夫	へえ。どうして?
イダンビ	やっぱり、大手は仕事のスケールも大きいし、その分やりがいも感じられるかなって思うの。なにより、韓国との取り引きもたくさんあるしね。
古川孝夫	そうなんだ。前から大手がいいって言ってたよね。で、なんで化粧品会社にしたの?
イダンビ	最初は化粧に興味があるっていうただ漠然とした理由だったんだけど、会社説明会やOB訪問で話を聞くうちにすごく魅力を感じたんだ。
古川孝夫	やっぱり、実際働いている人から話を聞けるっていうのは心強いよね。
イダンビ	うん、でも大手って給料はいいけど仕事はきついみたい。それで入社してすぐ辞める人もいるって先輩から聞いたんだ。ちょっと心配だなあ。

古川孝夫	ダンビは我慢強いから、きっと大丈夫だよ。
イダンビ	そうかなあ。あ、そうそう、来週の面接で自己PRしないといけないんだけど、もし時間あったら、一度聞いてもらえない？ちょっと自信なくてさ。
古川孝夫	うん。もちろん、いいよ。

単語

就職率 취직율　エントリーを出す 신청을 하다　最終面接 최종면접　結果待ち 결과를 기다림
内定をもらう 내정을 받다　スケール 스케일　OB訪問 선배 방문

✓ ポイントチェック②

1 漠然と　막연하게, 막연한

뚜렷하지 못하고 어렴풋한 모양.

- 大学生の時は社会人に対するイメージは漠然としていた。
- 私は小さい頃から漠然と先生になりたいと思っていました。
- 漠然とした考えは浮かぶのですが、文で表わすことができません。
- 彼の説明は漠然としていて、よく理解できない。

2 我慢強い　인내력이 있다, 참을성이 많다.

괴로움이나 어려움을 끝까지 참고 견디는 성질.

- 我慢強い精神を持てば、いつかチャンスが訪れるでしょう。
- リーダーには我慢強い人が向いています。
- 度重なる部下の失敗に、我慢強い彼女もとうとう怒ってしまった。
- 私の長所は我慢強いところです。

3 なんとか　어떻게(든), 그럭저럭, 간신히

충분하지는 않지만 조건·요구 등이 어느 정도로 이루어지는 모양.

- ちょっと雨がぱらついてたけど、なんとか大丈夫でした。
- インフルエンザにやられましたが、なんとか復活しました。
- 最後の追い込みをかけて、なんとか試験に合格することができた。
- このくらいの収入があれば、なんとか暮らしていけるでしょう。

【第14課】就職活動

4 ~てほしい　~해 주기 바라다

제3자(사항, 자연 현상 등)에 대한 화자의 희망이나 요구를 나타내는 표현.

- 息子には元気に育ってほしいものです。
- この前の話、詳しく聞かせてほしいです。
- 山下さんには、もう少し人の気持ちを考えてものを言ってほしい。
- 「悪徳業者を取り締まってほしい」これが国民の声であり、消費者の声です。

5 ~といいね　~하면 좋겠다

화자가 바라고 원하는 것이나 권유 등을 나타낼 때 쓰이는 표현.

- 早く恋人ができるといいね。
- 奨学金もらえるといいね。
- 今年こそ夢が叶うといいね。
- 今年の夏は去年ほど気温が上がらないといいですね。

単語

(考えが)浮かぶ (생각이)떠오르다　度重なる 거듭되다　(雨が)ぱらつく (비,눈 따위가) 조금 뿌리다　インフルエンザ 유행성 감기　やられる 당하다　復活 회복　追い込みをかける 마지막 총력을 쏟다　悪徳業者 악덕업자　取り締まる 단속하다　(夢が)叶う (꿈이) 이루어지다

自由に話しましょう

1. 就職活動で一番大事なことは何だと思いますか。

2. 仕事を選ぶとき、何を重視しますか。お金ですか。やりがいですか。それとも他のものですか。

3. 働くうえで、大企業と中小企業、それぞれの長所、短所について考えてみましょう。

4. 自分の好きなことを仕事にすることについてどう思いますか。

5. 10年後、あなたはどうなっていると思いますか。
   またどうなっていたいですか。

第15課 今年の新入社員は「消せるボールペン型」

정중체

　毎年春、公益財団法人日本生産性本部が命名する今年の新卒の新入社員のタイプが決定しました。今年は「消せるボールペン型」。いったい彼らにはどんな特徴があるのでしょうか。

　この「消せるボールペン」、一見ありきたりなボールペンですが、ペンの上部に消しゴムがついており、書き直しができる機能が備わっています。同本部は、これに例え、「見かけで判断できない、突然の変化にも対応できる柔軟性を持っている」と彼らを分析しています。ただし、注意点もあります。このインクで書いた書類を温度の高いところに置いておくと、文字が透明になってしまいます。このことから、即戦力にしようと熱を入れると彼らの特色を消しかねないと指摘しており、新入社員には若いうちは何度でも「書き直し」ができると思い、失敗を恐れずのびのびと経験を積む必要性があるとしています。

今年の大卒新入社員は現役生であれば、東日本大震災の直後に大学に入学、あるいは高校を卒業しています。こうした状況変化に対応してきた世代であることもこのネーミングの背景にあるそうです。今や大ヒット商品となった「消せるボールペン」。今後の彼らの活躍に期待が高まります。

単語

公益財団法人日本生産性本部 공익재단법인 일본생산성본부　命名する 명명하다　新卒 (그해의) 새 졸업자　特徴 특징　書き直す 고쳐 쓰다　同本部 동본부　柔軟性 유연성　即戦力 순발力 熱を入れる 열의를 쏟다　特色 특색　指摘 지적　失敗を恐れる 실패를 두려워하다　経験を積む 경험을 쌓다　大卒 대졸　現役生 현역생　東日本大震災 동일본대지진　状況変化 상황変化　ネーミング 명명(命名)　背景 배경　大ヒット 대 히트

ポイントチェック①

1 いったい　도대체

의문의 뜻을 강하게 나타내는 말로 어째서 현재와 같은 상황이 되었는지 상대에게 질문하거나 자문할 때 쓰인다.

- あなたはいったい何を考えているのか、さっぱり分からないわ。
- こんな時間までいったいどこに行ってたの?
- いったい、いつまでそんなことしてるの?
- 対人関係を良くするにはいったいどうすればいいでしょうか。

2 一見　언뜻 보기에

개체(사람, 사물)를 대충 훑어 파악하는 모양.

- 妹は一見おっとりした性格に見えるが、本当はとても負けず嫌いだ。
- 一見ただの落書きのようですが、実は有名な画家が描いたものなんですよ。
- いつも文句が多く、一見気難しそうに見える人は意外とストレスをためにくいものです。
- 一見単純なつくりに見えるが、実はとても複雑な工程を経ている。

3 備わっている　구비되다, 갖춰지다

설비·장치 등 필요한 것이 부족함 없이 잘 갖추어진 것을 나타내거나, 사람의 인격·교양 등이 몸에 밴 모습.

- このマンションは全室に防犯装置が備わっています。
- 人と同じような学習能力は犬にも備わっています。
- 本来人間に備わっている回復力で病気が治るのを待つのも、立派な医療の一つです。
- 気品と知識が備わっている彼女には、自然と人が集まってくる。

4 のびのび　느긋하게, 무럭무럭

마음이 편하고 구애됨이 없는 모양이나, 구김살 없이 자유롭게 쭉쭉 뻗거나 쑥쑥 성장하는 모습.

- 連休には、遠出してのびのびアウトドアを楽しみたい。
- 気が合わない上司が転勤してからというもの、彼はのびのびと仕事をしている。
- 自分の好みに合わせて室内を屈託のない明るくのびのびした装飾に変えました。
- 子供達には、自然の中で自由にのびのび遊べる生活環境が大切です。

5 〜に例える　〜에 비유하다

알기 쉽게 설명하기 위하여 어떤 예를 인용하여 설명하는 것.

- 人の一生を1日に例えると、20歳はまだ午前5時頃です。
- 北斗七星はその形を柄杓に例えられることが多かった。
- 学校の校長先生というのは、会社に例えれば社長さんです。
- 天真爛漫な彼女を花に例えるなら、やっぱりヒマワリでしょうね。

6 〜かねない　〜할지도 모른다

「동사ます형+かねない」로 활용되며, 화자가 바라지 않는 사태가 일어날 가능성이나 약간의 위험성이 있다는 의미로 주로 좋지 않은 일에 쓰인다.

- これ以上、いじめが続くと登校拒否になりかねない。
- ビジネスメールで誤字が目立つようでは、相手の信頼を失うことになりかねません。
- この状態で無理を続けると倒れかねない。
- 平気で人の秘密を言う人だ。あの人ならやりかねない。

7　～としている　～라고 하다

　주로 뉴스 등에서 쓰이며, 화제가 되는 어떤 일(사항·사건)의 변화에 대한 예정 판단·전망 등을 나타낼 때 쓰인다.

- 政府関係者はこの件に関して検討を続けていくとしています。
- 今回の経営戦略は、海外市場でのビジネスを拡大していく大きな柱とするとしています。
- 警視庁は引き続き、捜査にあたるとしています。
- エコノミストは、しばらくは円高が続く可能性があるとしています。

単語

さっぱり～ない 전혀～하지 않다　おっとり 대범하고 까다롭지 않은 모양　負けず嫌い 승부욕이 강한 사람　気難しい 성미가 까다롭다　工程 공정　(工程を)経る (공정을) 거치다　医療 의료　気品 기품　気が合う 마음이 맞다　好み 취향　屈託のない 걱정이나 염려할 일이 없다　装飾 장식　北斗七星 북두칠성　柄杓 국자　天真爛漫 천진난만　登校拒否 등교 거부　誤字 오자　無理を続ける 무리를 계속하다　平気 태연하다　検討 검토　経営戦略 경영 전략　柱(に)する 기둥으로 하다　警視庁 경시청　引き続き 계속해서　エコノミスト 이코노미스트　円高 엔고

最近見たニュース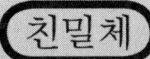

古川孝夫　ああ、かばんが重い！ 教科書の持ち運びなんとかならないかなあ。

野口文子　昨日のニュースで、もう少ししたら、教科書がタブレットに変わるって言ってたよ。

古川孝夫　なに、それ? 大学で?

野口文子　ちがうちがう。小中高の話だよ。もうすぐ、重い教科書を持ち運ばなくてもよくなるんだって。

古川孝夫　えー！ いいなあ。今の子どもたちは。

野口文子　タブレット1つにすべての科目が入ってるのは確かに便利でいいかもしれないけど、本当にそれでいいのかな。

古川孝夫　忘れ物の心配も減るし、何より楽しく勉強できそうじ

	ゃん。カラーだし、音声が聞けたり、動画も見られるし、いいことずくめだと思うけど。
野口文子	でも、必ずしもいいことばかりじゃないと思うの。デジタルに慣れちゃって、目が悪くなる子も増えるんじゃないかな。
古川孝夫	たしかに。
野口文子	それに、バッテリーがなくなったり、誤作動を起こす可能性もあるよね。そうなると作業が一時中断されてしまって、子どもたちの集中力が途切れてしまうことも考えられるわよね。
古川孝夫	そうだね。教科書といっても、機械だから壊れることもあるか。
野口文子	壊れたら修理に出したり、新しいものを購入しなきゃいけないし。そんなことしてたら、費用も相当なものになると思うのよ。
古川孝夫	メリット、デメリットがあると思うけど、僕はメリットの方が大きいと思うな。
野口文子	うまく活用できればいいんだけどね。
古川孝夫	それにしても、この分厚い教科書がデジタル化された

ら、やる気も出るんだけどなあ。

野口文子　　　本の重さと勉強の意欲は関係ないと思うけど…。

単語

持ち運び 운반　デジタル 디지털　誤作動 오작동　一時中断 일시중단　集中力が途切れる 집중력이 떨어지다　相当 상당　デメリット 결점　分厚い 두껍다

✓ ポイントチェック②

1 なんとかなる　어떻게든 되다

좌절하지 않고 계속해서 노력을 한다면 어떻게든 이루어질 수 있다는 의미.

- いつものやり方でなんとかなるからと、十分な準備をしないと、相応の成果しか生まれない。
- あの人に相談すれば、なんとかなるかもしれない。
- 「なんとかなる」だなんて、そんな甘い考え方でどうするの。
- この不況を乗り越えれば、なんとかなるから頑張ってほしいですね。

2 確かに〜けど　분명〜하지만

어떤 일이 틀림없다고는 판단하지만, 뒷문장에서 모순·대립을 나타내는 사실적 역접 의미로 쓰인다.

- 確かに彼の技術はすばらしいけど、チームメートとの協調性が足りない。
- 確かに一番いい大学ですけど、就職をして仕事を始めれば学歴なんかは関係ありません。
- このドラマは確かに面白いけど、前にもどこかで見たような内容だ。
- 確かに親や周囲にも問題がありましたけど、それでも最後の責任は自分にあります。

3 必ずしも〜ない　반드시〜하지는 않다

부정어를 수반하며 '반드시 그렇지만은 않다'는 부분부정을 나타내는 표현으로 「わけではない」, 「〜とは限らない」 등과 함께 쓰이는 경우도 있다.

- 裕福であれば必ずしも幸せだというわけではない。
- インターネットの発達で、私たちの生活が必ずしも豊かになったとは言えない。

- 人生は必ずしも良いことばかりじゃないんだよ。
- 今日の騒動は、必ずしも彼女だけが悪いのではない。

4　～じゃないかな　～가 아닐까

화자의 놀라움이나, 상대방에게 의문·반문·책망할 때 쓰인다.

- 薄着だね。今日は雨降ってるし、ちょっと寒いんじゃないかな。
- あなたは顔が小さいからショートカットが似合うんじゃないかな。
- 今の映画に不足してるのは、絵本や紙芝居のようなワクワク感じゃないかな。
- 古代の人々は、きっと今の我々よりもっと強く宇宙を意識していたんじゃないかな。

5　いいことずくめ　좋은 것(일) 일색

접미어「ずくめ」는 명사에 붙어서, 신변에 있는 것이 온통 그러한 것만으로 이루어져 있음을 나타내는 표현.

- 体にいいことずくめの運動を紹介します。
- 納豆は血液をサラサラにしたり、肌荒れを改善したりと、いいことずくめの食べ物だ。
- テレビは楽しい情報を盛りだくさんに伝えてくれて、一見いいことずくめのように思われます。
- 早寝早起きは、いいことずくめだ。

単語

相応(そうおう) 걸맞음　不況(ふきょう) 불황　乗り越える(のりこえる) 극복하다　チームメート 팀메이트　学歴(がくれき) 학력　裕福(ゆうふく) 유복　騒動(そうどう) 소란　薄着(うすぎ) 옷을 얇게 입음　ショートカット 쇼트컷　紙芝居(かみしばい) 그림연극　古代(こだい) 고대　我々(われわれ) 우리들　サラサラ 술술　肌荒れ(はだあれ) 살결이 거칠어짐　盛りだくさん(もりだくさん) 내용이나 분량이 많음　早寝早起き(はやねはやおき) 일찍 자고 일찍 일어남

自由に話しましょう

1. ニュースを知るために、テレビ、ラジオ、新聞、スマートフォンのどれをよく使いますか。それ以外の方法は何がありますか。

2. どんな分野のニュースに関心がありますか。

3. 韓国の政治、経済について知っていることを話してみましょう。

4. 最近見た中で印象に残っているニュースについて話しましょう。

5. 最近話題になっているニュースについて話し合ってみましょう。

第16課

정중체

恩師へのメール
（おんし）

青木先生

立秋とはいえ、まだまだ暑い日が続きます。
先生におかれましては、その後お変わりはございませんか。

大学卒業、就職をしてから、あっという間に半年以上が過ぎてしまいました。
この季節になり、一年前の自分を思い出し、また先生のことが恋しくなり筆を執りました。

ちょうどあの頃は、周りの友人が一人、二人と就職が決まり始め、私はこの先どうすれば良いのか、出口の見えない状況の中で途方に暮れてい

ました。そんな時、先生がいつも励ましてくださり、多くの情報もくださいました。さらに先生が推薦状も書いてくださり、今、私は念願の会社で希望通りの貿易事務の仕事に携わっています。これもすべて先生のおかげであり、心の底から感謝しております。

入社して間もない頃は、社会人一年目ということもあって、何もかもが新しく戸惑うことばかりでした。今も毎日が嵐のように過ぎていきます。しかし最近は会社の雰囲気や仕事にも慣れてきて、この仕事にやりがいを感じているところです。具体的な業務は、日本の取引先との電話、文書でのやり取りですが、たまに上司の出張に同行し、通訳を任せていただくこともあります。

今も自分の日本語に不安を感じることが多く、その度に、側に先生がいらっしゃったら…と落ち込むこともありますが、大学時代に鍛えられた精神で、ご尽力を賜りました先生のご期待に沿うことができるよう懸命に取り組んでまいります。そして、次に先生にお目にかかる際には、成長した姿をお見せしたいと思いますので、引き続き、ご指導ご鞭撻を賜りますようお願い申し上げます。

では、季節の変わり目です。どうかくれぐれもご自愛ください。
また近況報告させていただきます。

キムヘリ

単語
立秋 입추　筆を執る 글을 쓰다　推薦状 추천장　念願 염원　心の底 마음속　やり取り 주고받음　尽力 힘씀　賜る 내려주시다　期待に沿う 기대에 따르다　ご鞭撻 편달　ご自愛 몸조심

ポイントチェック①

1 〜におかれましては　〜에 있어서는

「において」의 정중한 표현으로 업무 관계에서 상대방이나 그에 관련된 일을 나타내는 표현이다.

- 皆様方におかれましてはいかがお過ごしでしょうか。
- 先生方におかれましては、大変貴重な御意見を承りました。
- 皆様におかれましては、ご健勝のこととお喜び申し上げます。
- 貴社におかれましてはますますご清栄のこととお慶び申し上げます。

2 途方に暮れる　어찌할 바를 모르다

수단과 방법을 다해 보았지만 어떻게 하면 좋을지 몰라서 망설이고 있음을 나타낸다.

- 何をしてあげれば良いのかわからず、途方に暮れました。
- 山積みの書類を前に途方に暮れている同僚を残して、先に帰れない。
- 震災で家を失い、支援も受けられず、途方に暮れる人が増えている。
- 財布も携帯電話も落としてしまって、途方に暮れていたところ友達に会って助かった。

3　携わる　(일에) 종사하다

어떤 일에 관계하여 소속되어 있음을 나타낸다.

- 映画の製作に携わった人達の記者会見が行われた。
- 本の作成に携わったすべての人たちに感謝の意を表します。
- 主に、企業等の研究開発や製品開発に携わっています。
- 食に携わる方々への感謝の気持ち、食事のマナーなどを学ぶ必要があります。

4　何もかも　무엇이든

어떤 일의 '일체·모조리·전부'의 의미를 나타낸다.

- 一度の失敗で何もかも失ってしまった。
- 何もかもがいやになってしまう時が誰にでもある。
- 彼女の言うことを何もかも鵜のみにする必要はないんですよ。
- 計画性の欠如というか、準備不足、情報不足、知ったつもり…何もかもががっかりです。

5 くれぐれも　부디, 모쪼록

상대에게 간절하게 바라고 원하는 화자의 마음이 담겨져 있다.

- くれぐれも誤解のないようにお願いいたします。
- くれぐれも内密にお願いいたします。
- インターネットは自己責任の世界といっても過言ではないので、判断はくれぐれも慎重に。
- お子様が誤って飲み込んでしまわないよう、ご使用にはくれぐれもご注意ください。

単語

ご健勝(けんしょう) 건승　ご清栄(せいえい) 상대편의 건강과 번영을 축복하는 인사말, 청영　山積(やまづ)み 산더미같이 쌓여 있다　震災(しんさい) 지진으로 인한 재해　支援(しえん) 지원　(感謝(かんしゃ)の)意(い) (감사의)마음, 표시　鵜(う)のみにする 그대로 받아들임　欠如(けつじょ) 결여　内密(ないみつ) 비밀　自己責任(じこせきにん) 자기 책임　誤(あやま)る 잘못하다, 그르치다　飲(の)み込(こ)む 삼키다

友人(ゆうじん)に送(おく)るEメール

ダンビちゃん

文子です。
久しぶり。元気にしてるかな?

今日はとっても大事な報告があって、メールしたよ。
実はね、私、結婚することになったのー!
びっくりしたでしょ!?

お相手は…なんと韓国人なんだ。
ダンビちゃんの家でホームステイさせてもらった後に、
私、韓国語の勉強を始めたっていう話はしてたよね?

それで、韓国語教室の仲間と新大久保っていう所にあるコリアンタウンにたまに遊びに行ってたんだけど、その時に知り合った人なの。

国際結婚だから不安がないわけではないんだけど、
好きになっちゃったものは仕方ないよね(ˆ▽ˆ)

結婚式は韓国と日本の両方ですることになったんだ。
日本では神前式と披露宴。
神前式っていうのはね、日本古来の伝統的な挙式スタイルなの。
本当はこれをダンビちゃんに見てほしかったんだけどなあ、
仕事もあるし難しいよね。
だから韓国でする時はぜひ来てほしいな。
私、特にペベクっていうのが楽しみなの。
あ、あとね、アルバムも韓国で作ることにしたよ。
韓国の結婚アルバム、すごく豪華だし仕上がりも素敵なんでしょ!?
彼が、写真は韓国で撮影するのが絶対オススメだって。
とにかく、今から何もかも楽しみ。

とりあえず、早く伝えたかったんだ。

詳しいことが決まったら、また連絡するね。

文子

単語

<ruby>神前式<rt>しんぜんしき</rt></ruby> 신전식　<ruby>披露宴<rt>ひろうえん</rt></ruby> 피로연　<ruby>古来<rt>こらい</rt></ruby> 예로부터　<ruby>挙式<rt>きょしき</rt></ruby> 결혼식　<ruby>豪華<rt>ごうか</rt></ruby>だ 호화롭다

ポイントチェック②

1 なんと　놀랍게도

화자의 몰랐던 일이나 의외의 사실에 놀라움 등 감탄의 기분을 나타내는 표현.
- 毎週日曜の早朝と第一月曜日は、なんとポイントが3倍になります。
- 泣き虫だった彼がなんと格闘家になった。
- ずっと首位を守っていた選手がなんと最下位に転落してしまいました！
- 全体の形状をじっくりチェックしたら、なんと、また新たな問題が見つかりました。

2 たまに　가끔

- 小説のネタとしてはたまにはこんなのもいいですね。
- たまに親戚に会うと、早く結婚しろと催促されて頭がいたい。
- 仕事に精を出すのもいいけど、たまには息抜きもした方がいいんじゃない。
- 減速せずに右左折する車や、赤信号で加速して進む車をたまに見かけます。

3 ～わけではない　～것은 아니다

상대방이 당연하다고 생각하고 있는 것에 대하여 '꼭 그렇지는 않다'는 화자의 완곡한 부정의 기분을 나타낸다.
- クリスマスパーティはするが、クリスチャンというわけではない。
- 料理はあまり作らないが、苦手だというわけではない。
- 他でも働いているので、このバイトを辞めて生活できなくなるわけではありません。
- 勉強が好きというわけではないが、クラスではいつも上位の成績だ。

4 スタイル

어떤 일정한 방식의 분류의 하나로서 개성을 드러낼 수 있는 형식이나 구성의 특질을 나타낸다.

- ひとそれぞれに自分のスタイルというものがあります。
- アメリカンスタイルといえば、Tシャツとジーンズははずせない。
- 私はルームメートと生活スタイルが違うので苦労している。
- 自分の好みのものをひとりで食べるという食スタイルがかなり一般化しています。

5 とりあえず　우선

현재의 상태만을 생각하여 장래의 충분한 대처는 뒤로 미룬 채 잠정적으로 일시적인 대응을 하는 모양.

- とりあえず、できるところまで頑張ってみます。
- お腹空いた。ここで立ち話するより、とりあえず、何か食べようよ。
- どうなるかわかりませんが、とりあえず、履歴書を送ってみようと思います。
- 有料サイトも含まれていますが、とりあえず一度のぞいてみる価値があると思います。

単語

早朝(そうちょう) 이른 아침, 조조　第一月曜日(だいいちげつようび) 첫째 주 월요일　泣き虫(なきむし) 울보　格闘家(かくとうか) 격투가　首位(しゅい) 수위　転落(てんらく) 전락　形状(けいじょう) 형상, 모양　じっくり 차분하게　ネタ (신문 기사, 소설 등)소재　催促(さいそく) 재촉　精を出す(せいをだす) 열심히 힘쓰다　息抜き(いきぬき) 한숨 돌림　減速(げんそく) 감속　赤信号(あかしんごう) 빨간 신호　上位(じょうい) 상위　ジーンズ (데님 소재의 옷으로 주로)청바지　立ち話(たちばなし) 선 채로 이야기함　有料(ゆうりょう) 유료　のぞく 들여다보다

自由に話しましょう

1. 記憶に残っている人について話してください。

2. 今でも忘れられないような、印象深い言葉がありますか。
   またその言葉は今のあなたにどのような影響を与えていますか。

3. 最近いつペンやシャーペンで字を書きましたか。
   どんな内容でしたか。

4. Eメールと文字メッセージと通話、どれをよく利用しますか。
   それぞれの長所と短所は何でしょうか。

5. 今は音信不通だけどできることなら連絡がしたい、会いたいという人がいますか。その人について話しましょう。

 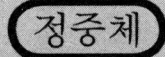

取引先訪問
とりひきさきほうもん

受付	いらっしゃいませ。
イダンビ	失礼いたします。韓国から参りましたコリア商事のイと申します。 営業部の岡村様にお取り次ぎいただきたいのですが…。
受付	失礼ですが、お約束はございますか。
イダンビ	はい。本日の2時にお約束をいただいております。
受付	かしこまりました。 ただいま連絡いたしますので、あちらにおかけになってお待ちください。

岡村健	本日は遠いところからわざわざご足労いただきまして、ありがとうございます。
イダンビ	いえいえ、とんでもありません。 こちらこそお忙しいところ、お時間をいただきましてありがとうございます。
岡村健	では立ち話もなんですから、どうぞおかけください。
イダンビ	はい、では早速ですが、当社の日本向けの化粧品の評判はいかがでしょうか。
岡村健	売り場での反応は良く、売り上げの方も前年比35％アップしています。
イダンビ	そうですか。それは良かったです。
岡村健	そこでひとつご相談なのですが、単価を少し下げていただけないかという話が社内で出ておりまして。
イダンビ	単価の件に関しましては、当初、時間をかけてご検討いただいたはずですが。
岡村健	はい、おっしゃる通り、当初は社内会議の結果、全員一致で承諾しておりました。
イダンビ	では、なぜ今この時期に…。
岡村健	我々の予想以上に非常に売り上げが良く、これからもこの状況はしばらく続きそうです。

イダンビ	ありがとうございます。
岡村健	売り場では品切れになってしまうこともあるようです。そこで、一度の発注の量を今までの2倍に増やしたいのですが、その代わりに単価を下げていただけないかと…。
イダンビ	そういうことですか。しかし、それは私の一存では決めかねますので、社に戻り検討の上、改めてご連絡をさしあげます。

単語

評判 평판　前年比 전년 대비　単価 단가　品切れ 품절　発注 발주　一存 혼자만의 생각

✅ ポイントチェック①

1 お取り次ぎ　연결

양자 사이에서 주고받는 일(말)을 전하거나 또는 그 사람.

- 来客のお取り次ぎは私がいたします。
- 田中さんにお会いしたいので、どうかお取り次ぎ下さい。
- この件は私が責任をもって、お取り次ぎしますのでご安心ください。
- 恐れ入りますが、そちらに江原さんて方がおられると思うんですが、お取り次ぎ願えないでしょうか。

2 ご足労

상대방이 번거로움과 수고를 끼쳐가며 애써 '오시다' 의미.

- 先日はご足労おかけいたしました。
- 先日は、弊社までご足労いただき誠にありがとうございました。
- こんなことは電話で話すわけにもいかなかったので、ご足労願ったわけです。
- お忙しい部長にわざわざご足労いただかなくても、私たちで何とかするつもりだったんです。

3 ひとつ　아무쪼록, 부디, 그럼

화자가 남에게 의뢰를 할 때 화자의 기분을 강조하거나, 이제부터 새로운 사태에 대한 대응 및 화자의 결의 등을 나타낼 때 사용되는 표현이다.

- 君がそこまで言うなら、ひとつ試してみようか。
- ひとつ私が喝を入れなきゃいけないかな。
- 今度の新規プロジェクト、ひとつ、よろしく頼むよ。
- 我々も一生懸命取り組みますから、ひとつ御支援をいただきたいです。

4 時間をかける　시간을 들이다

어떤 일을 행하는데 어느 정도의 긴 시간을 사용하는 모습이나 또는 오랜 기간 어떤 일에 종사했다는 의미.

- 彼女は化粧にかなり時間をかける。
- みんなが楽しく過ごせるように時間をかけて計画を立てたいと思います。
- 時間をかければ良いというものではない。内容が重要なんだよ。
- このシチューは時間をかけて煮込んだだけあって、味が深い。

単語

恐れ入る 죄송하다, 황송하다　誠に 참으로, 정말로　喝を入れる 기력을 불어넣다　シチュー 스튜　煮込む 푹 끓이다　味が深い 맛이 깊다

元ホームステイ先訪問

親밀체

*ピンポーン

山下美紀	はーい、どちらさまですか。
パクキヒョン	こんにちは。キヒョンだよ。
山下美紀	わあ、キヒョン君、久しぶりだね。待ってたよ。どうぞ、あがって。
パクキヒョン	おじゃまします。美紀ちゃん、元気?
山下美紀	うん、元気だよ。
パクキヒョン	あれ、おじさんとおばさんは?
山下美紀	今、出かけてるんだけど、もうすぐ帰ってくると思う。
パクキヒョン	そっか。あ、これつまらないものだけど。

山下美紀	えっ、わざわざお土産まで持ってきてくれたの？気をつかわなくていいのに。でも、ありがとうね。
パクキヒョン	ううん、かなり悩んだんだけど、結局、僕が好きな韓国のお菓子を買ってきちゃった。
山下美紀	私も友達のお家にお邪魔する時にはデザート系のものをよく持って行くよ。じゃ、ここじゃ寒いからあっちの部屋に行こう。
パクキヒョン	わあ、これこたつだね！本物、初めて見たよ。ホームステイの時はなかったよね。
山下美紀	そうね。キヒョン君がホームステイしていた時は春から夏にかけての暖かい時期だったから、出してなかったよね。
パクキヒョン	今まで、アニメでは何回も見たことあったんだけど。すごく気になってたんだよ。
山下美紀	韓国には無いの？韓国の冬は結構寒いよね？
パクキヒョン	うん、韓国は、オンドルっていうのがあるんだよ。床を温めるから部屋全体が暖かくなるんだよね。
山下美紀	そうなんだ。それいいね！

　　　　　　　　こたつはねえ…足は温まるけど、部屋の空気まではなかなか暖かくならないんだよね。

パクキヒョン　でも、思わぬところでまた新しい文化体験ができたよ。

山下美紀(やましたみき)　あっ、お母さん達、帰ってきた！

単語

つまらないもの 변변치 않은 것　床(ゆか) 마루　こたつ 일본의 난방기구

✅ ポイントチェック②

1 わざわざ　일부러

특별히 그 일을 위하여 행해지는 행동.

- わざわざ連絡するほどのことでもない。
- わざわざ電車を乗り継いで来たのに、休館日だなんて!
- 検査を早く終わらせるために、わざわざ完全予約制の病院にしました。
- ここのパンが食べたくて、わざわざ車で30分かけて買いに来た。

2 結局　결국

여러 가지 일을 해본 후 최종적인 귀결점에 다다른 결말.

- 結局、彼女の本心を聞くことはできなかった。
- 禁煙を誓ったのに、お酒の席で我慢できずに結局吸ってしまった。
- 今年こそは車の免許を取ろうと思っていたのに、結局何もしなかった。
- あの手この手のデザイン的工夫をした挙句、結局行き着くところまで行ってしまいました。

3 ～ちゃった ~해 버리다

완료를 나타내거나 후회·유감스런 기분을 나타내며 「～てしまった」의 축약형으로 「ぬ、む、ぶ」는 「じゃった」가 된다.

> 동작의 완료는 의지동사(食べる, 飲む 등)와 사용되며, 후회·유감을 나타낼 때는 무의지동사(忘れる, 落とす, なくす, こわれる, 割れる, 辞める 등)와 함께 사용된다.

- あ、ファックス間違って送っちゃった！
- 緊張しちゃってうまくしゃべれませんでした。
- 友達に借りていた本を失くしちゃって、合わせる顔がない。
- 暑くて、今日アイスクリーム三つも食べちゃった。

4 (家に)お邪魔する (집을) 방문하다

타인의 집에 들어갈 때 '실례하겠다'는 의미로 쓰여지는 표현.

- 今度、またお邪魔していいですか？
- 夜分遅くにお邪魔してすみません。
- 三浦さんとは親しいので、お宅には何度もお邪魔しています。
- 母の友達のお宅にお邪魔して、美味しいクッキーをごちそうになった。

5 ～系　～계

상호간에 서로 영양을 미치는 요소로 구성된 결정체 또는 조직.

- このキャラクターは秋葉系の人たちに人気がある。
- ご当地キャラは癒し系が多く、人気がある。
- 最近はハリウッドでもアジア系の俳優が活躍している。
- コンピュータ関係はハードウェア系とソフトウェア系に大別されます。

6 思わぬところ　뜻밖의 곳

생각도 하지 못한 곳에서 어떤 일이 발생한 경우를 나타낸다.

- 思わぬところから探し物が出てきた。
- 同僚と思わぬところで出くわしたものだから、きちんと挨拶ができなかった。
- 気をつけていても、シミは思わぬところでついてしまうものです。
- 「風が吹けば桶屋が儲かる」というように、小さな出来事が思わぬところに影響を与えることがよくある。

単語

乗り継ぐ 갈아타다　本心 본심　誓う 맹세하다　あの手この手 여러 방법　挙句 끝　行き着く 마지막 상태　合わせる顔がない 면목이 없다　夜分 밤 늦게, 밤중　ごちそうになる 대접받다　ご当地 그 고장을 일컫는 말, 이곳　大別 크게 나누다　シミ 얼룩　風が吹けば桶屋が儲かる 바람이 불면 나무통 장수가 돈을 번다(무슨 일이 일어나면 돌고 돌아 의외의 곳에 영향이 미침을 비유)

自由に話しましょう

1. 知り合いの家を訪問する時、どんな手土産を持って行くと喜ばれると思いますか。何がおすすめですか。

2. 目上の方のお宅、または親しい間柄のお宅を訪問する時に、気をつけるべきマナーにはどんなことがあるでしょうか。

3. あなたの家に誰かが訪ねてくることになりました。
さてあなたは何をしますか。

4. 将来、どんな家に住みたいですか。
理想の家について話してみましょう。

5. 一人暮らしと親と同居、どちらがいいですか。
それぞれの長所と短所は何でしょう。

해설집

제1부 기초편

제1과 공항 |정중체|

카운터 여권 부탁합니다.
박기현 네.
카운터 감사합니다. 맡기실 짐이 있으시면 이쪽에 놓아 주세요.
박기현 네. 아, 안에 깨지는 물건이 있으니까 조심해 주세요.
카운터 내용물은 무엇입니까?
박기현 술입니다.
카운터 포장은 잘 해 놨습니까?
박기현 네. 일단 하긴 했습니다만….
카운터 만일 파손될 경우에는 이쪽에서 책임은 지지 않습니다만 괜찮으신가요?
박기현 네. 괜찮습니다. 그런데 이 가방은 기내에 반입할 수 있습니까?
카운터 그 사이즈면 괜찮습니다. 좌석은 통로쪽과 창가쪽 중 어느 쪽이 좋겠습니까?
박기현 통로 쪽으로 부탁합니다. 그리고 가능하면 앞쪽 좌석으로 앉고 싶은 데요….
카운터 네. 그럼 앞에서 다섯 번째 통로쪽 좌석입니다.
박기현 고맙습니다.
카운터 출발 시간은 13시 50분이지만 탑승은 출발 30분부터 시작됩니다. 그리고 출발 시간 10분전이 되면 탑승을 마감하니까 주의해주세요.
박기현 네. 알겠습니다.
카운터 그럼 조심히 다녀오세요.

면세점 |친밀체|

타나카 준이치 출국심사 생각보다 시간이 걸렸네.
타나카 유카 그것보다 수하물 검사장에 그렇게 사람이 줄 서 있는 줄은 몰랐어. 나는 면세점 쇼핑을 아주 기대하고 있어서 초조했어.
타나카 준이치 이곳에서 쇼핑이 해외여행 즐거움 중 하나지. 특히 여자에게는.
타나카 유카 역시! 잘 아네.
타나카 준이치 해외 고급부티크부터 화장품, 주류, 한국 김이라든가 늘 인기가 있는 토산품까지 무엇이든 갖추어져 있으니까. 여성이 싫어할 리가 없지. 게다가 화장품이나 담배는 면세점에서 사는 게 훨씬 싸잖아.

타나카 유카	그렇지. 친구에게도 줄 선물 사가려고.
타나카 준이치	먼저 어디부터 볼래? 나는 벨트하고 시계를 보고 싶은데.
타나카 유카	아니야, 먼저 화장품매장부터 가자.
타나카 준이치	아, 잠깐만. 근데 나 면세점 카드 갖고 왔나?
타나카 유카	어? 그게 뭐야?
타나카 준이치	저기 안내 데스크에서 신청하면 거기서 바로 카드를 발행해 줄 거야. 게다가 상품 할인도 받을 수 있으니까 받는 편이 득이 되거든.

· ·

타나카 유카	우리 많이 샀네. 좀 너무 많이 샀나?
타나카 준이치	면세범위 아슬아슬한데. 근데 가끔은 괜찮지 않아. 우리 자신에게 주는 선물이지.
타나카 유카	그러네. 아, 벌써 이렇게 시간이 됐네. 슬슬 탑승구 쪽으로 이동하는 게 좋을 것 같은데?
타나카 준이치	나는 인터넷으로도 주문해놨기 때문에 면세품 찾는 곳에도 들려야 하는데 깜빡했어.
타나카 유카	나도 환전하고 싶은데 시간 있을까?
타나카 준이치	늦으면 큰일이지. 자, 서두르자!

제2과 우체국 | 정중체 |

자동음성 접수번호 125번 번호표를 가지고 계신 손님께서는 3번 창구로 와 주세요.

노구치 후미코	실례합니다. 이것을 한국에 보내고 싶습니다만.
우체국 직원	무엇이 들어있습니까?
노구치 후미코	책과 과자입니다.
우체국 직원	깨지기 쉬운 병은 들어있지 않죠?
노구치 후미코	네, 없습니다.
우체국 직원	배편, 항공편, EMS가 있습니다만, 어떤 것으로 하시겠습니까?
노구치 후미코	가격은 어느 정도 차이가 있나요?
우체국 직원	잠시 기다려주세요. 이 무게로 한국이라면 배편은 4,300엔, 항공편은 7,550엔, EMS는 10,500엔입니다.
노구치 후미코	EMS라는 것은 무엇입니까?
우체국 직원	국제 속달 우편입니다. 빠르고 확실하게 보내고 싶은 물건이시라면, 이것이 좋으실 테고. 한국에는 5일정도면 도착합니다.
노구치 후미코	그렇지만, 비싸군요. 항공편이라면 며칠 정도 걸립니까?
우체국 직원	1주일 정도입니다.
노구치 후미코	배편은 늦습니까?
우체국 직원	배편이라도 빨리 도착하는 경우가 있습니다만, 1개월 정도 걸리는 경우도 있습니다. 급하지 않으시면 배편이 괜찮을지도 모르겠군요.
노구치 후미코	한국은 가깝고, 배로도 몇 시간이면 갈수 있는데, 왜 그렇게 오래 걸립니까?
우체국 직원	딱 맞는 타이밍에 컨테이너에 선적되면, 바로 한국에 보내집니다. 그러나, 그렇지 않으면 짐이 보내질 때까지 잠시 기다릴 경우가 있습니다.
노구치 후미코	그렇습니까. 그럼, 급하지 않으니까 배편으로 부탁합니다.
우체국 직원	네, 그럼 여기 종이에 보내실 곳을 기입해주세요.

전화로 회화 | 친밀체 |

이단비	아, 여보세요. 단빈데.
후루카와 타카오	아아, 단비? 무슨 일이야? 갑자기.
이단비	다음 주 발표 우리들이 세 번째였지. 발표할 때 분담은 어떻게 할 거야?
후루카와 타카오	내가 실험 목적과 방법을 발표할 테니까, 단비가 결과와 고찰 발표해주지 않을래?

이단비	음—이제는 방법이 없지. 고찰부분은 요전에 논의한 것을 정리한 것으로 해도 괜찮겠지?
후루카와 타카오	그래. 그러면 될 거라고 생각해.
이단비	아, 그러고 보니 결과를 방금 체크했는데 1개의 그래프가 부족한 것 같아. 타카오한테 있을까?
후루카와 타카오	어! 어느 데이터?
이단비	실험 세번째 관찰 그래프. 미안하지만 메일로 보내 주지 않을래?
후루카와 타카오	USB에 있을 테니까 지금 보낼게. 잠깐만 기다려.
이단비	웅, 알았어.
후루카와 타카오	어!? 어딨지. 이쪽 폴던가. 아, 잠깐 시간 걸릴지도 모르겠어.
이단비	괜찮아. 먼저 고찰부분을 정리할 거니까.
후루카와 타카오	그럼 찾으면 바로 보낼게.
이단비	웅, 부탁할게. 고마워.

제3과 아르바이트 | 정중체 |

점원	전화 감사합니다. 히카리 약국 토교역전점입니다.
김혜리	여보세요? 아르바이트 모집잡지 '시티 잡'을 보고 전화했습니다만, 담당자인 나가이 씨 계십니까?
점원	제가 나가이 입니다만.
김혜리	아, 안녕하세요. 저는 치요다 대학에 다니는 김혜리라고 합니다. 아직 아르바이트 모집하고 계신가요?
점원	네. 모집 중입니다.
김혜리	저어 저는 미경험자인데 괜찮을까요?
점원	물론이죠. 실례지만 어느 나라 분이신가요?
김혜리	한국입니다.
점원	그렇습니까.
김혜리	평일 근무시간은 어떻게 됩니까?
점원	평일은 오후3시부터 11시 입니다.
김혜리	네, 학교 수업이 있어서 6시경부터가 좋습니다만.
점원	괜찮습니다. 언제부터 할 수 있나요?
김혜리	가능하다면 다음 주부터 시작하고 싶습니다.
점원	그럼 모레 목요일에 바로 면접을 했으면 하는데 3시경에 오실 수 있을까요?
김혜리	죄송합니다. 그날은 수업이 있는데 다른 날은 안 될까요?
점원	그렇다면 토요일은 어떠세요?
김혜리	네. 토요일 3시에 뵙겠습니다.
점원	오실 때 이력서를 가지고 와 주세요. 기다리고 있겠습니다.
김혜리	알겠습니다. 바쁘신데 시간을 내주셔서 감사합니다. 실례했습니다.

워킹홀리데이 | 친밀체 |

박기현	후미코는 일본에 있을 때 아르바이트했어?
노구치 후미코	웅. 왜? 갑자기.
박기현	실은 내년 워킹홀리데이로 1년간 일본에 가려고 해.
노구치 후미코	그렇구나. 요즘 워홀 가는 사람 많네.
박기현	나 아직 한 번도 알바 한 적이 없는데 일본에서는 하고 싶어서.
노구치 후미코	나는 선술집과 과외 알바를 했어.
박기현	선술집은 어땠는데?
노구치 후미코	점장님이 식사를 만들어주기도 하고, 끝나고 알바 동료와 술 마시러 가기도 하고 즐거웠어. 주말은 손님 많아서 힘들긴 했지만.
박기현	식사를 만들어주다니 고마운 일이네. 시급은 얼마정도였어?
노구치 후미코	850엔 이었어. 뭐 보통 정도일 걸.
박기현	역시 한국보다는 높구나. 과외 쪽은?
노구치 후미코	수업 준비는 힘들었지만 보람이 있었어. 시급도 1,500엔이었고 괜찮았기 때문에 유학 후 돌아가면 다시 해볼까 해.
박기현	나도 가르치는 알바 해보고 싶다~.
노구치 후미코	요즘 한국어 공부하는 사람이 늘어나고 있으니까, 한국어 가르치는 건 어때? 수요가 있을 거라고 생각하는데.
박기현	정말!? 그것 기쁜 소식이네!

노구치 후미코 인터넷으로 외국어를 가르치는 알바도 많은 것 같아.
박기현 집에서 일을 할 수 있다니!

제4과 고령화 사회 | 정중체 |

아오키 에리 강민수씨! 안녕하세요? 이 마을에도 좀 익숙해졌나요?
강민수 네, 덕분에. 이사 와서 얼마 안 되었을 때는 힘들었는데 지금은 상당히 길도 익혔고….
아오키 에리 그래요. 뭔가 곤란한 일이 있으면 언제든지 얘기해주세요.
강민수 감사합니다. 친절한 분도 많고 여유롭고 아주 살기 좋아요.
그리고 노인이 많다는 인상도 받았습니다. 역시 장수국가입니다.
아오키 에리 하지만 장수국가도 거꾸로 생각하면 고령화 사회니까…. 한 10년 전쯤에는 지금 보다 젊은 세대가 많았지만요.
강민수 그러고 보니 아이들이 적네요. 우리 딸이 올해부터 초등학생이라 저번에 학교에 입학수속 하러 갔는데 한 반에 25명이래요. 제가 초등학생 때는 40명 정도였기 때문에 놀랐어요.
아오키 에리 어머! 지금은 그렇게 적군요. 저는 아들이 둘 있는데 훨씬 전에 사회에 나가 있어서….
강민수 고령화뿐만 아니라 저출산 문제도 걱정이네요.
아오키 에리 한국은 어때요?
강민수 같은 문제를 갖고 있어요.
아오키 에리 아주 교육열이 높다고 들었습니다만.
강민수 맞아요. "우리 집 교육문제는 우리 집 교육문제일 뿐이다"라고 생각을 했었는데 역시나 이웃집 자녀가 여기저기 학원을 다니면, 아무래도 신경이 쓰여서.
아오키 에리 그렇죠. 이해가 돼요. 그 기분. 아이는 어려도 학원비는 무시할 수 없죠.

강민수 네. 신혼 때는 '자식이 많은 가정'이 꿈이었는데 딸 한 명도 힘에 부칩니다.

재활용 | 친밀체 |

후루카와 타카오 어!? 설마 그거 다 버릴려고?
이단비 응. 이제 싫증이 나버려서.
후루카와 타카오 아직 새것이고 예쁜데 아깝잖아. 샀던 가게에 가지고 가서 재사용이나 재활용을 하는 것이 어때?
이단비 재사용? 재활용?
후루카와 타카오 그 브랜드는 불필요한 상품을 회수하거든. 그래서 아직 입을 수 있는 것은 지구촌 난민이나 피난민들에 보내.
이단비 어머! 그렇게 하면 다른 사람에게도 도움이 되겠네.
후루카와 타카오 그리고 손상돼서 도저히 입을 수 없을 것 같은 옷은 공업용 섬유 등으로 재활용하고 있대. 나 이런 것에 꽤 관심이 있거든.
재활용이라 든가 친환경이라 든가에.
이단비 그럼 뭔가 하고 있어?
후루카와 타카오 아직 작은 것밖에 할 수 없지만, 종이컵을 안 쓰려고 꼭 내 컵을 들고 다녀. 그리고 슈퍼에 갈 때는 친환경 가방을 가지고 가.
이단비 한국은 슈퍼에 골판지 상자가 준비되어 있으니까 자주 그걸로 해결할 때가 많아.
후루카와 타카오 아! 그래. 일본에서는 친환경 가방 지참율이 꽤 높아. 게다가 환경 보전을 위해서 할 수 있는 것은 의외로 가까이 있어.
이단비 그러네. 집에서도 절전이나 절수, 그리고 음식 쓰레기를 줄이거나….
마음먹기 나름이겠네.
후루카와 타카오 그래그래. 수돗물을 5초만 그냥 두어도 1리터나 낭비로 흘러나간대.
이단비 어머! 그런 말 듣고 낭비할 수는 없지. 이제부터는 조심해야겠다.

제5과 레스토랑 | 정중체 |

점원	전화 주서서 감사합니다. '레스토랑 사쿠라'입니다.
후루카와 타카오	저 예약을 하려고 합니다만.
점원	네, 말씀하세요. 몇 분이십니까?
후루카와 타카오	2명입니다. 다음 주 금요일 12시에 가능한 가요?
점원	네. 요리는 무엇으로 하시겠습니까?
후루카와 타카오	한국사람 입맛에 맞는 것이 좋겠습니다만….
점원	일행 분이 한국 분이신가요?
후루카와 타카오	네.
점원	동행하시는 분이 여성분이시면 '에피타이저로 술과 후식으로 디저트가 함께 나오는 런치코스'나 제철 식재료로 본격적인 풍미를 만끽할 수 있는 '퓨전 일식 코스' 등을 추천합니다.
후루카와 타카오	디저트까지 즐길 수 있는 런치코스가 좋겠네요. 그걸로 할게요.
점원	알겠습니다. 그럼 성함을 부탁드립니다.
후루카와 타카오	후루카와 입니다.
점원	후루카와님 이시네요. 그럼 그때 뵙도록 하겠습니다.

· ·

김혜리	우와! 후루카와 씨. 훌륭한 레스토랑이네요!
후루카와 타카오	마음에 드시나요? 저도 처음 온 가게라 좀 걱정했었는데 멋지고 밝은 분위기라 다행이네요.
김혜리	아! 요리 나왔네요. 맛있어 보이네. 세팅도 예쁘네요. 이런 가게에 데리고 와주셔서 정말 고마워요!
후루카와 타카오	오늘은 혜리씨 생일이죠? 그래서 대접을 하고 싶었거든요.
김혜리	어머! 설마 내 생일을 기억하고 있었다니!!
후루카와 타카오	오늘은 천천히 맛있는 식사를 즐깁시다. 식후에는 디저트도 있어서 좋아하는 것을 선택할 수 있어요.
김혜리	역시 디저트는 모두 좋아하는군요.

뷔페 | 친밀체 |

박기현	우와! 여기는 메뉴가 많네. 이것저것 다 먹고 싶다.
노구치 후미코	그럴 줄 알고 이 가게로 정했지.
박기현	어! 여기서는 이것저것 주문해도 되는 거야?
노구치 후미코	응. 그럼 무제한이니까. 맛있는 것을 실컷 먹을 수 있어.
박기현	어! 불고긴데? 먹고 싶은 것을 마음껏이라…. 최고네!
노구치 후미코	그럼 빨리 주문하자. 뭐부터 먹을까? 기현은 호불호가 있어?
박기현	아니 없어. 다 잘 먹어.
노구치 후미코	그럼 일단 나에게 맡겨. 여기는 내 단골가게니까. 맛있는 것을 잘 알고 있거든.

· ·

박기현	어휴~ 다 먹었다 다 먹었어. 예산 신경 안 쓰고 먹을 수 있어서 좋네!
노구치 후미코	시험 끝나면 다음에는 선술집에서 무제한으로 마시는 술은 어때?
박기현	술 무제한? 술을 얼마든지 마실 수 있는거야?
노구치 후미코	그래. 그 집은 룸도 있으니까 다른 친구들도 불러서 신나게 놀자. 놀 수 있는 시간은 보통은 90분인데 쿠폰이 있으면 120분이 가능해. 2시간 놀면 충분하겠지.
박기현	좋아. 그런데 후미코는 그런 가게 잘도 알고 있네. 미식가구나.
노구치 후미코	미식가 정도는 아니지만, 맛있는 음식을 찾아 여기저기 다니는 것을 좋아해.
박기현	그럼 여자들이 가서 좋아할 만한 가게도 좀 알려줄 수 있어?
노구치 후미코	물론이지. 아, 혹시 여자 친구 생겼어?
박기현	아니 아직 여자 친구라고 할 정도는 아닌데… 좀 마음이 쓰이는 애가 있긴 해….
노구치 후미코	알았어, 알았어. 그럼 처음이니까 편하게 데이트할 수 있는 캐주얼한 곳이 좋을까? 아니면 야경이 예쁜 곳에서

|로맨틱한 데이트 쪽이 좋을까?
아! 생각만 해도 설렌다.
박기현 아니, 뭐야 데이트하는 건 나야.

프론트 오늘 환율은 100엔에 1,162원입니다.
강민수 그럼 30만원만 부탁합니다.
프론트 알겠습니다. 여권을 보여주시겠습니까.
강민수 네, 여기 있습니다.
프론트 감사합니다. 여권 여기 있습니다. 25,819엔입니다. 확인해 보세요.

일본교통 | 친밀체 |

프론트 어서 오세요. 예약은 하셨습니까?
강민수 네, 했습니다.
프론트 성함 부탁드립니다.
강민수 강민수 입니다.
프론트 예약은 금연룸 싱글로 1박 이시네요.
강민수 저— 하루 더 묵고 싶습니다만.
프론트 그럼, 2박이 되겠네요. 잠시 기다려주세요. 대단히 죄송합니다. 공교롭게도 금연 싱글룸은 없습니다. 흡연룸이라도 괜찮으시다면 숙박연장이 가능합니다만.
강민수 그렇습니까…. 어쩔 수 없군요. 그럼, 흡연룸이라도 해주세요.
프론트 그럼 번거로우시겠지만, 여기 카드에 기입해 주세요.
강민수 네.
프론트 손님방은 5층 526호실입니다. 여기 열쇠와 조식권입니다. 아침식사는 저쪽 레스토랑에서 아침 7시부터 10시까지 이용할 수 있습니다.
강민수 아, 그리고 이곳에서 원폭 돔은 어떻게 갈 수 있습니까?
프론트 원폭 돔은 노면전차로 가시는 편이 좋다고 생각합니다만.
강민수 어느 정도 걸립니까?
프론트 20분 정도 걸립니다. 히로시마역에서 2호선이나 6호선을 타시고, 원폭 돔 앞에서 내리면 됩니다.
강민수 네, 감사합니다. 그리고 원화를 엔화로 바꾸고 싶습니다만.
프론트 얼마나 환전해 드릴까요?
강민수 오늘 환율은 얼마입니까?

이단비 일본은 교통비가 매우 비싸다고 들었는데 정말이야?
후루카와 타카오 응. 한국보다는 비싸긴 해. 특히 신칸센은.
이단비 역시 그렇구나.
후루카와 타카오 그렇지만, 신칸센은 값이 비싼 만큼 다른 전차보다 빠르고 쾌적해.
이단비 실은 올 여름 휴가에 일본 여행을 하려고 해. 교통비가 걱정이 되지만, 신칸센도 타보고 싶어서.
후루카와 타카오 어디로 갈 건데?
이단비 1주일 정도 있을 예정이니까 토쿄와 오사카에 가려고 해.
후루카와 타카오 그러고 보니, 외국인 관광객 대상 할인티켓이 있다고 들은 것 같은데… 잠깐 알아볼까…. 아, 이거다.
이단비 재팬 레일 패스?
후루카와 타카오 응. 29,110엔으로 7일간 JR철도, 신칸센을 마음껏 탈 수 있대!
게다가 버스랑 페리도 탈 수 있대.
이단비 그런 티켓이 있었어!
그런데 신칸센으로는 토쿄에서 오사카까지는 얼마 정도 들어?
후루카와 타카오 15,000엔 정도일 걸. 이걸 사는 편이 이익이야!
아, 하지만 '노조미호'는 탈 수 없는 것 같네.
이단비 '노조미호'란 게 뭐야?
후루카와 타카오 신칸센 이름이야. 토쿄에서 신오사카, 하카타까지 달리지. 하지만 '히카리'도 오사카까지는 가니까 괜찮네.
이단비 어머! 그렇구나. 신칸센에 이름이 있구나. 재

있네.
후루카와 타카오 아, 그리고 이름은 전부 히라가나야.
이단비 모처럼 가는 거니까 여러 가지 신칸센도 타보고, 그 외에도 어떤 이름의 신칸센이 있는지 체크해 봐야지!

제7과 병원 | 정중체 |

접수 진찰권은 가져 오셨습니까?
오카무라 켄 아니요, 처음입니다.
접수 보험증 좀 주세요.
오카무라 켄 어-, 잠깐만 기다려주세요…. 보험증이 없으면 비싸지죠?
접수 그렇습니다. 전액 자기 부담이 됩니다.
오카무라 켄 아, 여기 있습니다.
접수 그럼, 문진표 좀 작성해 주세요. 다 쓴 후에는 저쪽 대기실 의자에 앉아서 기다려 주세요.

· ·

의사 어디가 안 좋으신가요?
오카무라 켄 오늘 아침부터 머리도 아프고, 몸이 나른합니다.
의사 입을 아- 해주세요.
네. 그럼 가슴에 청진기를 대어 보겠습니다. 네, 됐습니다.
이번엔 뒤로 돌아 주세요. 네, 이제 됐습니다. 다음은 혈압을 잴 테니 팔을 내밀어 주세요.
좀 높으시군요. 보통 때는 어느 정도이신가요?
오카무라 켄 135에 90입니다.
의사 배는 어떻습니까? 아침 식사는 드셨습니까?
오카무라 켄 실은 컨디션도 안 좋고 구토가 나서 먹지 않았습니다.
의사 어제는 뭘 먹었습니까?
오카무라 켄 음- 꼬치구이 좀 먹고, 술도 마셨습니다. 요즘 며칠간 잔업이 계속되어 밤늦게 까지 일을 했는데 어제 겨우 일단락되어 오랜만에 동료와 한잔 하러 갔었습니다.
의사 그렇습니까. 좀 감기기운이 있는데다가 과음을 해서 무리가 되었군요.
머리가 아픈 것은 숙취입니다.
오카무라 켄 그렇습니까.
의사 약을 3일분 드릴 테니까, 집에 가서서 바로 1회분 드시고 푹 쉬세요.
그럼, 몸조심 하세요.

건강 | 친밀체 |

후루카와 타카오 또 체중이 좀 늘은 것 같아.
이단비 요전에 건강진단 결과 건강관리 잘해야 한다고 했었지?
후루카와 타카오 그랬는데. 좀처럼 살이 빠지지 않아. 물론 아주 좋아하는 맥주도, 단 것도 줄이고 역까지 걸으려고 하고 있지만. 더 철저히 하지 않으면 안 되는 걸까?
이단비 그렇게 절대로 맥주는 마시지 않겠다던가, 절대로 단 것은 먹지 않겠다고 생각하면 힘드니까 무리해서까지는 하지 않아도 될 것 같던데.
후루카와 타카오 그래 다행이다. 늦게까지 알바를 하면 배가 고파서 그만 단 것이 먹고 싶어. 집에 돌아와서 먹으면 아무래도 10시가 넘어 버리고.
이단비 아, 그건 좋지 않아. 좀 더 일찍 저녁을 먹어야지. 매일 정해진 시간에 제대로 식사를 하는 것이 중요한 것 같아. 잠자기 전에 먹는다니 말도 안돼.
후루카와 타카오 어, 그렇지만 평일에 언제나 같은 시간에는 돌아올 수 가 없어서.
이단비 그럼, 학교나 알바 하는 곳에서 일찌감치 제대로 식사를 해. 어중간한 시간에 먹으면 오히려 살이 쪄버리니까.
후루카와 타카오 그럴까. 운동은 어때? 풀에서 수영을 하거나 조깅을 하고 싶긴 한데.
이단비 근데 이런 것 좋지 않아? 저걸 좀 봐. '거리를 걷는 모임'이래.
후루카와 타카오 응? 워킹?
이단비 그래. 아침저녁 두 번 걸어도 되고, 한 번이라도 괜찮대. 자신이 시간 될 때 참가하면 되는 모양이야. 이웃과 함께라면 틀림없이 즐겁게 할 수 있지 않을까?
후루카와 타카오 그렇지만, 1시간이나 걷는대. 상당히 피곤할 것 같은데.
이단비 약간 피곤한 정도가 좋아.
후루카와 타카오 음— 그렇지. 그럼 우선 한번 하는 걸로 하고 참가해 볼까.

제8과 요리교실 | 정중체 |

강사 오늘은 일본가정요리 '니쿠쟈가'를 같이 만들어 봅시다. 먼저 감자를 한 입 크기로 자릅니다.
박기현 선생님 이 정도 크기면 되나요?
강사 좀 더 커도 될 것 같네요. 네, 그럼 다음은 양파입니다.
박기현 세로로 자를까요? 가로로 자를까요?
강사 먼저 세로로 자르고, 자른 부분을 밑으로 하면 자르기가 더 쉬워요. 당근은 감자보다 작게 잘라 주세요. 다음은 시라타키를 삶아 볼까요.
박기현 시라타키는 잡채 면과 같은 건가요?
강사 아니요. 조금 다릅니다. 어묵 건더기로 자주 사용돼요.
시라타키는 냄비로 3분정도 삶고, 체에 받쳐서 물기를 빼고 큼직큼직하게 자릅니다. 그리고 나서 쇠고기는 3센티 정도 크기로 잘라 주세요.
박기현 돼지고기로도 만들 수 있나요?
강사 네. 돼지고기로 만들면 쇠고기보다 담백한 맛이 나요.
그럼 냄비에 물 400cc와 간장, 맛술, 설탕, 미림을 큰 스푼으로 4개씩 넣습니다.
박기현 넣는 순서가 있습니까?
강사 특별히 정해진 건 없습니다만, 설탕을 먼저 넣고 난 후 간장을 넣으면 간이 배기 쉬워요.
박기현 아 그래요.
강사 보글보글 소리가 나기 시작하면 먼저 쇠고기를 넣어주세요. 고기를 넣을 때 하나씩 넣으면 쉽게 굳어지지 않게 됩니다. 전부 다 넣었으면, 불을 센 불로 해 주세요. 시간이 조금 지나면 '아쿠'가 나옵니다.
박기현 선생님 '아쿠'가 무엇입니까?
강사 위에 떠오르는 갈색 거품을 말합니다. 걷어내는 편이 맛있습니다. '아쿠'를 걷어 내셨으면, 재료를 전부 넣고 중불로 불을 조절합니다.
박기현 화력 조절은 이정도로 괜찮겠습니까?
강사 음—, 좀 더 세게 할까요? 네, 그러면 됩니다. 이대로 20분 조리면 완성됩니다. 접시에 담을 때 감자가 흐트러지기 쉬우니까 조심해 주세요.

한국요리 | 친밀체 |

이단비 타카오 이번 주 금요일 저녁에 기숙사 친구들과 한국요리를 만들려고 하는데 같이 만들지 않을래?
후루카와 타카오 좋아! 해보고 싶다. 그런데 나 요리는 그다지 잘 못하는데 어렵지 않아?
이단비 잡채와 김치찌개를 만들건데 둘 다 간단해.
후루카와 타카오 김치찌개는 먹어 본 적이 있지만 잡채는 없어. 어떻게 만드는데?
이단비 잡채는 당면이라는 면을 삶아서 쇠고기 양파 당근을 채 썰어서….
후루카와 타카오 아, 그 당면이란 거 알아. 슈퍼에 있는 한국 코너에서 본 적이 있어!
이단비 감자로 만들어서 쫄깃하고 맛있어. 면이 완전히 익으면 체에 받쳐서 차가운 물로 헹궈서 조금 식혀.
후루카와 타카오 응응.
이단비 다음에 당면을 간장으로 밑간을 하는데, 이때 설탕을 조금 넣으면 맛이 순해져. 당면 그리고 참기름과 마늘로 밑간을 한 쇠고기, 자른 야채를 따로따로 볶아.
후루카와 타카오 전부 함께 볶으면 안 돼?
이단비 응. 다 같이 볶으면 야채의 수분이 빠져나와서 쇠고기의 맛이 떨어져버려.

후루카와 타카오	그렇구나.
이단비	마지막에는 참기름과 참깨를 뿌려 섞으면 완성!
후루카와 타카오	오오. 의외로 간단하네!
이단비	그렇지! 다음은 김치찌갠데 이건 더 쉬워. 냄비에 김치 넣고, 끓으면 기름을 뺀 참치와 두부 양파를 넣고 마지막에 파를 넣으면 완성!
후루카와 타카오	초간단이네!
이단비	응. 김치에 이미 맛이 배어 있어서 특별히 맛을 내지 않아도 되거든.
후루카와 타카오	그렇구나. 이번에 만드는 김치찌개는 일본 김치? 아니면 한국 김치?
이단비	지난주 부모님이 집에서 담근 김치를 보내주셔서 그걸로 만들려고.
후루카와 타카오	본고장 한국 가정의 맛은 처음이야! 맵지 않아?
이단비	우리 집 것은 별로 맵지 않아서 아마 괜찮을 거야!

제9과 온천 여관 매너 |정중체|

박기현	선생님 추석 연휴에 가족과 군마현에 있는 구사쓰 온천에 가게 되었어요.
아오키 선생님	어머, 좋겠네요.
박기현	부모님이 일본 온천에 가보고 싶다고 전부터 이야기했었거든요.
아오키 선생님	기뻐하시겠네요. 기현군이 안내하는 건가요?
박기현	네. 이번에 온천여관에 숙박하려고요. 그래서 잠깐 여쭤볼게 있는데요. 온천이나 여관에서 뭘 조심해야 하나요?
아오키 선생님	글쎄요. 먼저 욕조에 들어가기 전에 반드시 가케 유를 하고 나서 들어가세요.
박기현	'가케 유'란 무엇입니까?
아오키 선생님	몸에 물을 끼얹는 것을 말합니다. 더러운 것 등을 먼저 씻어내고 나서 탕에 들어갑니다.
박기현	그렇습니까? 몰랐습니다.
아오키 선생님	그리고 온천에서는 몸이 나른해져서, 무의식중에 오랜시간 목욕하기 쉬운데 머리에 피가 몰리지 않도록 조심하세요.
박기현	피가 몰리지 않게? 가 무슨 뜻이에요?
아오키 선생님	오랫동안 욕조에 몸을 담그고 있으면 현기증이 나거나 하는 것을 말해요. 심할 때는 쓰러지는 경우도 있으니 조심하세요.
박기현	네, 그것 무섭네요.
아오키 선생님	뜨거운 물에 장시간 몸을 담그지 않도록 하고 가끔 차가운 물로 머리를 식히면 돼요.
박기현	알겠습니다.
아오키 선생님	그리고 밤에는 목욕 후 한기를 느끼지 않도록 조심하세요. 목욕 후엔 금새 몸이 따뜻해지지만, 시간이 지나면 몸이 차가워져서 감기에 걸릴 수도 있어요.
박기현	감기에 걸리면 모처럼 온 여행을 망쳐버리죠. 조심하겠습니다!
아오키 선생님	그리고 일어난 후에는 이불은 개지 않고 그대로 놓아두세요.
박기현	하지만 개는 것이 정리하기 쉽지않나요?
아오키 선생님	여관에서는 시트나 베개 커버를 매일 교체해요. 그래서 개면 오히려 번거로워요.
박기현	선생님 여러 가지 가르쳐 주셔서 감사합니다.

온천여관 |친밀체|

노구치 후미코	어머, 무슨 일? 여행 팜플렛 같은 걸 다 보고. 어디 갈 거야?
박기현	다음 주부터 여름휴가라서 어딘가 여행하려고. 어디 추천할 곳 없어?
노구치 후미코	음ㅡ. 역시 여름은 바다지? 어딘가 섬 같은데서 지내는 건 어때?
박기현	글쎄, 하지만 친구한테 들은 얘긴데 섬은 교통이 불편해서 왕복 시간이 오래 걸려 오히려 느긋하게 지낼 수 없는 모양이던데.
노구치 후미코	그래. 그럼 세계유산을 다니는 투어 같은 건 어때?

박기현 세계유산? 하지만 2주일짜리 투어야. 좀 너무 길어.
노구치 후미코 여름휴가 어느 정도야?
박기현 알바가 쉴 수 있는 게 1주일이야. 마지막 하루는 느긋하게 쉬고 싶으니까, 5일이나 6일정도로 다녀 올 수 있는 가까운 곳이 좋겠어.
노구치 후미코 그럼 온천여관에서 느긋하게 지내는 것은 어때?
여기에서 2시간 정도에 있는 온천여관이 리모델링 오픈한 모양이야.
박기현 그래? 몰랐어.
그것이 여름휴가를 제일 잘 보내는 방법일지도 모르겠군.
노구치 후미코 휴가도 짧고, 너무 먼 곳에 가도 피곤만 할뿐이고.
박기현 그렇게 되나. 그러고 보니 요전에 TV에 나온 온천여관에 다녀왔지?
노구치 후미코 아아, 그 여관? 기현이도 갔었지?
박기현 응, 친구와 함께.
노구치 후미코 실은 나도 지난 주에 다녀왔어. 그런데 거기 어떻게 생각해?
박기현 어떻게라니? 인테리어 센스도 좋았고, 요리도 맛있었어. 후미코는 마음에 안 들었어?
노구치 후미코 마음에 안 든 건 아니지만, 뭔가 좀 아쉬웠어.
박기현 내가 마음에 안 든 건 요리 양이 좀 적었던 것 정도.
노구치 후미코 요리가 맛있기는 했지만, 아주 맛이 있었던 건 아니야.
박기현 노천탕은 그럭저럭 나쁘지는 않았지만.
노구치 후미코 그건 온천의 수질문제니까 여관 평가와는 관계없고.
박기현 분명한 건 '이런 곳은 처음이야'라는 감동은 없었어.
그래서 결국, 후미코는 무엇이 불만인데?
노구치 후미코 그래, 그거야. 감동이 없었던 것. 그 온천여관이 아니면 안 되는 강점이 느껴지지 않았어.
여관으로서는 그런 것이 중요하다고 생각해.
박기현 역시, 온천 마니아는 다르군.

제2부 응용편

제10과 분실물 센터 |정중체|

이단비 실례합니다. 전철 안에서 물건을 잊어버렸습니다만.
역원 무엇을 잊어버렸나요?
이단비 가방이에요.
역원 어떤 가방입니까?
이단비 흰 바탕에 감색 물방울무늬 토트백입니다. 세로 40센티 정도, 가로 30센티 정도의 크기입니다.
역원 가방 안에는 무엇이 들어있습니까?
이단비 음… 지갑과….
역원 지갑 말이죠. 그 밖에 뭐가 더 있습니까?
이단비 마시다 만 페트병과 태블릿, 그리고 책입니다. 태블릿은 지난주에 막 산 것이고, 책은 도서관에서 빌렸기 때문에 오늘이 반납일입니다. 어쩌지….
역원 그게 전부입니까?
이단비 그리고 접이식 우산이 들어있어요. 베이지 체크입니다.
역원 이 역에 몇 시 몇 분경에 도착했습니까?
이단비 정확히 3시 50분입니다. 히로시마행이에요.
역원 몇째 칸에 타셨나요?
이단비 글쎄요. 잘 기억은 나지 않습니다만…. 아마 세 번째 칸쯤이라고 생각합니다.
역원 그렇습니까. 그럼, 여기에 이름과 주소, 전화번호를 써 주세요. 히로시마 역에 연락해 보겠습니다.
이단비 고맙습니다. 저어, 언제쯤 알 수 있을까요?
역원 글쎄요. 1시간 정도면 알 수 있을 겁니다. 나중에 전화 주세요.
전화번호 여기 있습니다.
이단비 알겠습니다. 잘 부탁드립니다.

분실물 | 친밀체 |

박기현 어제 오카야마 역에서 내렸는데, 전철 안에 쇼핑백을 잊고 내려서. 갈색 체크인데….
노구치 후미코 어! 그래서 찾았어?
박기현 아니, 아직.
노구치 후미코 연락은 해 봤어?
박기현 어디에 전화를 해야 할지 몰라서….
노구치 후미코 오늘 잃어버렸다면 역 사무실에 있지 않을까?
어제라면 분명 분실물 센터에 있을 텐데.
박기현 어! 거기가 어딘데?
노구치 후미코 오카야마 역이라면 남쪽 출구쪽 아니야?
박기현 남쪽 출구?
노구치 후미코 응. 도장과 신분증이 필요해. 있으면 바로 찾을 수 있어.
박기현 그렇군. 하지만 오늘은 시간이 없으니까, 전화해서 집에서 받아보도록 할까?
노구치 후미코 아니, 직접 가지러 가지 않으면 안 되는 것 같던데.
박기현 그럼 내일 가도 괜찮을까?
노구치 후미코 센터에서는 3일간만 보관하는 것 같아.
박기현 그 후로는?
노구치 후미코 경찰에서 보관하는 모양이야.
박기현 그래. 그럼 내일 꼭 가지 않으면 안 되겠네.
노구치 후미코 야무진 기현이가 어떻게 전철에 물건 같은 것을 잊어버렸데?
박기현 보통 때는 손에 꼭 들고 있는데, 사람이 너무 많아서 전철 위 선반에 놓아뒀어. 그러다가 깜박하고 그대로 전철에서 내려버렸네.

제11과 부동산 가게 | 정중체 |

이단비 저— 실례합니다. 이 근처 방을 구하고 있습니다만.
부동산 직원 네, 어떤 방을 원하십니까?
이단비 역에서 걸어서 갈 수 있는 거리로 8,000엔 이하인 곳을 찾고 있습니다.
부동산 직원 알겠습니다. 방은 몇 개 정도 필요합니까?
이단비 혼자 생활하니까 원룸도 괜찮습니다. 좀 오래된 방도 괜찮습니다만, 가능하다면 남향에 에어컨이 있으면 좋겠어요.
부동산 직원 잠깐 기다려주세요.
오래 기다리셨습니다. 여기에 물건(物件)이 두 건 있습니다. 지금 안내해 드릴까요?
이단비 네, 부탁드립니다.

· ·

부동산 직원 이 방은 66,000엔 입니다. 목조입니다만, 방이 2개고 화장실과 욕실이 따로따로 입니다.
이단비 일본식 방이네요.
부동산 직원 네, 다다미 방이지만 에어컨도 딸려 있어요.
이단비 음—, 다다미 방인건 괜찮지만 왠지 어둡네요.
부동산 직원 그럼, 다음 집으로 가 볼까요?

· ·

부동산 직원 여기는 73,000엔입니다. 신축한 지 3년이라 비교적 방이 깨끗합니다.
이단비 그렇군요. 바닥도 나무라 밝고.
부동산 직원 그렇습니다. 문은 오토 도어락이고, 계단과 엘리베이터에는 감시 카메라가 부착되어 있어서 여성이 혼자 생활해도 안심이 됩니다.
이단비 하지만, 그런 설비가 있으면 관리비가 비싼 건 아닌가요?
부동산 직원 관리비는 월 5,000엔입니다. 집세와 합하면 78,000엔이니까, 손님 예산에 괜찮

	으시다면…. 역에서 걸어서 7분이고.
이단비	그렇군요. 그럼, 여기로 정하겠습니다.
부동산 직원	감사합니다. 그럼, 사무실로 가서서 계약 하시지요?

이사 | 친밀체 |

노구치 후미코	이사한다며?
후루카와 타카오	응.
노구치 후미코	이제 민폐 참는 것도 한계? 오른쪽 옆집 이었던가요? 한밤중에 요란하게 떠드는 쪽이.
후루카와 타카오	아, 그것은 이미 해결됐어. 이사 가서 없으니까.
노구치 후미코	그럼, 왜?
후루카와 타카오	내년부터 방세가 오를 모양이야. 한 달이라면 대단한 액수는 아니지만, 앞으로 2년 더 살아야 해서.
노구치 후미코	그건 그러네.
후루카와 타카오	학교 근처는 역시 비싸겠지?
노구치 후미코	그러지. 어디로 이사할 건데?
후루카와 타카오	그게 아직 정하지 못했어… 내일 부동산에 가서 알아 보려고 하는데, 같이 가 주지 않을래?
노구치 후미코	좋아. 내일은 특별한 일은 없으니까.

• •

후루카와 타카오	아까 그 아파트 좋았지. 오늘 본 중에 그게 가장 좋았어.
노구치 후미코	신축은 역시 좋아. 베란다도 있고.
후루카와 타카오	지금 보다는 조금 거리가 멀지만 방법이 없으니까. 그런데 좀 예산 오버가 아닐까?
노구치 후미코	하지만 아르바이트 하면 어떻게든 되지 않을까? 거기로 정하는게 어때?
후루카와 타카오	음,— 그렇지. 그런데 그 아파트 역에서 도보 10분이라고 하지만, 실제로는 어떨까? 직접 걸어보고 확인해 보지 않으면….

노구치 후미코	그래, 그럼 내일 다시 한번 가볼래?
후루카와 타카오	응. 아파트 근처에 슈퍼라던가 편의점이라던가, 주변 상태도 좀 알아 봐야하고.
노구치 후미코	그러네. 방만 마음에 들어서도 안 되니까.

제 12 과 컴퓨터 | 정중체 |

이단비	여보세요. 좀 물어보고 싶은게 있는데 시간 괜찮으신가요? 엑셀에서 리본이 사라져서….
오카무라 켄	화면을 보면, 바로 할 수 있습니다만…. 그럼, 원격조종이라는 기능을 사용해서 이쪽에서 조작해봅시다.
이단비	원격 조종이 뭐예요?
오카무라 켄	자기 컴퓨터 화면을 떨어진 장소에 있는 상대 컴퓨터로 인식시켜 조작을 받을 수 있는 기능입니다. 컴퓨터를 잘 아는 친구나 가족에게, 원격조작으로 도움을 받을 수 있습니다. 지금 컴퓨터는 인터넷에 접속되어 있습니까?
이단비	물론입니다.
오카무라 켄	그럼, 우선 '시작 버튼'에서 컴퓨터를 우측으로 클릭하고 '프로퍼티'를 클릭해 주세요. 그리고 '리모트 설정'을 클릭해 주세요.
이단비	'리모트 탭이 이 검퓨터에 원격조정 접속을 허가한다'는 화면이 나오면 ON 하고, OK를 클릭하면 되는 거죠?
오카무라 켄	네. 다음에 스타트, 모든 프로그램, 메인터넌스, 윈도우 원격조정순으로 클릭해 주세요.
이단비	윈도우 원격조정에 윈도우가 표시되었습니다. 이곳에서 '신뢰하는 사람을 초대해서 도움을 받겠습니까'를 클릭하는 거죠.

오카무라 켄　네. 다음 화면에 '전자 메일을 사용해서 초대를 송신 한다'가 나오면 클릭해 주세요.

이단비　수신인으로 당신의 메일 주소를 입력하고 송신하는 거죠.

오카무라 켄　메일이 도착했네요. 그쪽 화면에 표시된 패스워드를 가르쳐 주세요.

이단비　'M6SFACVE3HDF'라고 표시되었습니다.

오카무라 켄　알겠습니다. 그럼, 그 패스워드를 이쪽 화면상에 입력하고, OK를 클릭하겠습니다.

이단비　접속을 허가할지 어떨지 확인하는 메시지가 나왔는데 '네'를 클릭하겠습니다.

오카무라 켄　그러면 된 겁니다. 내 컴퓨터에 당신 컴퓨터의 데스크 탑이 표시 됩니다. 이 '제어 요구'를 클릭하면 그쪽에 메시지가 표시될 겁니다.

이단비　'데스크 탑 제어를 공유하는 것을 허가 하시겠습니까?'라는 메시지가 나왔네요. '네'를 클릭하겠습니다.

오카무라 켄　이것으로 당신의 컴퓨터를 조작할 수 있게 되었습니다. 어디 한번 보자. 엑셀화면을 열고···.
　　　　지금은 어떻습니까?

이단비　아, 리본이 나왔습니다. 덕분에 본래대로 되었습니다. 감사합니다.

인터넷　|친밀체|

노구치 후미코　요즘에는 친구가 쇼핑할 때 함께 가주지 않아서···.

박기현　왜? 바빠서?

노구치 후미코　아니. 가게보다 인터넷으로 쇼핑하는 편이 편리하데.

박기현　아아, 인터넷으로 쇼핑하는 사람이 요즘에는 많아.

노구치 후미코　그래그래. 무거운 것도 나르지 않아도 되고, 가게보다 싼 것도 많고.

박기현　인터넷이라면, 실제로 상품이 어떻게 되어 있는지는 알기 어려운 점은 있긴하지만.

노구치 후미코　그렇지. 나는 뭔가를 살 때는 반드시 만져보고 난 후에 사. 양복이든 가방이든 만져보면 대개 그 상품의 질을 알 수 있으니까.

박기현　확실히 그럴지도. 내가 인터넷 쇼핑을 이용하지 않는 것은 편리해서 그만 지나치게 많은 쇼핑을 하기 때문이야.

노구치 후미코　그것도 분명 문제점의 하나지. 컴퓨터라고 하면, 보통은 워드 정도밖에 사용하지는 않지만 역시 편리하긴 해. 스마트폰보다 화면도 크고, 키보드도 있고.

박기현　응. 인터넷 쇼핑 외에도 인터넷뱅킹도 되고, TV 다시보기랑 영화도 볼 수 있고···.

노구치 후미코　취미 사이트도 잘돼 있어서, 연령·성별에 관계없이 누구라도 이용 할 수 있는 점이 좋지.

박기현　후미코 블로그 하고 있지?

노구치 후미코　응. 매일 사진을 올리기도 하고, 코멘트 쓰기도 하고.

박기현　대단하네.
　　　　그러고 보니 며칠 전에 넷 게시판에 댓글을 올렸는데, 네 의견에 대해 몹시 반발한 사람이 있었어.

노구치 후미코　어떤 걸 적었는데?

박기현　예의도 아무 것도 없고, 네 입장에서만 보면 단순한 험담이야.

노구치 후미코　그것 심하네.

박기현　그 사람 기분을 이해 못하는 건 아니지만, 익명이라고는 해도 최소한의 룰은 지켜줬음 해.

노구치 후미코　익명이라 자유롭게 댓글을 쓸 수는 있겠지만, 도덕성이 문제가 되는 거지.

박기현　그렇지. 그만큼 주의를 해야겠지.

제13과 자기소개서 Ⅰ |정중체|

● 박기현 ●

【성장과정】

저는 어렸을 때부터 맞벌이였던 부모님을 대신해서 남동생을 돌보았기 때문에 배려가 깊다는 말을 자주 들었습니다. 대학에 입학 후에 들어간 일본어 동아리에서도 1학년이었지만, 선배님으로부터 기획부장 추천을 받았습니다. 어느 날 회의에서 이벤트 설명을 멤버에게 하고 있었을 때 일입니다. 잘 알아들을 수 있도록 저는 세부까지 꼼꼼하게 이야기했습니다. 그러나 듣는 사람들의 반응이 별로 좋지 않았습니다. 회의 후 친구에게 이야기를 했더니 "실은 이야기가 너무 길어서 잘 이해가 안 됐다"라는 회답을 들었습니다. 열심히 설명을 했다고 생각했던 만큼 충격적이었습니다. 실망했지만 저는 긴 설명이 오히려 이해에 방해가 된다는 것을 깨달았습니다. 이후, 설명을 할 때는 요점을 파악해서 간결하게 이야기하도록 하고 있습니다. 이렇게 말하는 방법을 노력한 덕분에 지금은 전보다 편안하게 상대방에게 의사를 전할 수 있게 됐다고 생각합니다. 앞으로도 듣는 사람 입장에 서서 '이해하기 쉽게 말하는 표현 방법'을 언제나 생각하려고 합니다.

【성격 및 신념】

사람과 사람의 거리를 줄일 수 있는 가장 기본적인 수단은 인사라고 생각합니다. 고등학교 때 반 친구들과 친해지지 못하는 학생이 있었습니다. 반장이었던 나는 마음을 열게 하려고 했지만, 시행착오만 겪고 변화는 없었습니다. 그래도 아침에 만났을 때는 꼭 인사를 하고 뭔가 한 마디라도 말을 걸었습니다. 하지만 상황은 좋지 않은 채, 그는 부모님 사정으로 전학을 가게 되었습니다. 견학가기 전 날, 그 동창생은 저에게 편지를 주었습니다. 거기에는 "매일 말을 걸어주어서 기뻤어. 고마워." 하고 쓰여 있었습니다. 그 글을 본 순간 제 마음이 확실하게 전달되었다는 것을 알고 가슴이 벅찼습니다. 이러한 경험에서 어떤 상대라도 나부터 마음을 열고 다가가면 반드시 이해 해준다는 것을 배웠습니다. '인사'와 그 뒤에 '+α의 한마디'가 그 첫발을 내디디게 한 것은 아니었을까요?

저는 이 두 가지 습관을 계속 유지하면서, 제 특유의 활발함을 살려서 사회에 나가서도 사람들과 보다 좋은 관계를 구축하려고 합니다.

【관심분야 및 희망하는 업무】

저는 외국어를 배우는 것을 남달리 좋아합니다. 언어를 배우는 데 있어 최고의 묘미는 외국어로 자기가 전하고 싶은 것을 표현하는 것이라고 생각합니다. 대화하는 것을 좋아하고 커뮤니케이션 분야에 관심이 있어서, 그것에 관한 책을 자주 읽고 있습니다. 책을 읽고 공부하게 된 후로는 남과 의견이 맞지 않을 때는 '왜 이해해 주지 않을까?'가 아니라 '상대는 무엇을 전하고 싶었을까?'라는 마음을 소중하게 생각하게 되었습니다. 저는 '영업'을 희망하고 있습니다. '영업'이라는 일은 많은 사람들과 교류를 하기 때문에 상대방과의 생각 차이가 발생하기 쉽다고 생각합니다. 그러나 저는 상대의 이야기를 경청하고, 사고방식의 차이를 이해함으로서 보다 좋은 관계를 구축할 수 있을 거라고 생각합니다.

【지원이유 및 입사 후 포부】

"회사와 관련된 사람들을 생각하는 일은 결과적으로는 회사의 메리트로 이어집니다." 회사 설명회에서 그렇게 말씀하신 담당자 말씀에 감동을 받았습니다. 귀사가 얼마만큼 직원이나 고객의 소리를 소중히 생각하고 있는지를 잘 알 수 있었고, 함께 일을 해보고 싶은 마음이 더욱 더 커졌습니다. '생산보다 사람을 소중하게 생각한다'는 정신은, 다양한 사람이 관련 된 물류 세계에 없어서는 안 될 거라고 생각됩니다. 귀사의 일원으로서 일할 수 있게 된다면 한 사람 한 사람의 요구를 파악할 수 있도록 날마다 매진해 나가도록 하겠습니다.

자기소개서 Ⅱ |정중체|

● 이단비 ●

【성장과정】

고등학교 때 한국어로 번역된 일본 만화를 읽고 재미가 있어 언젠가 원서로 읽어 보고 싶어서 독학으로 일본어를 공부했습니다. 공부를 계속하고 있는 동안에 보다 깊이 배우고 싶어서, 대학에서는 일본어를 전공했습니다.

그리고 일본어 실력을 향상시키기 위해 일본으로 교환유학을 결심했습니다. 유학 중에는 문화 차이로 당황하는 일도 있었지만, 외국에서 1년 동안 지낸 경험은 저에게 고난에 맞서는 용기와 자신감을 주었습니다.

【성격 및 신념】

제 좌우명은 '어떤 일도 신중히, 소홀히 하지않는다'입니다. 저는 유학중 사무 아르바이트를 했습니다. 익숙하지 않은 복사나 컴퓨터 작업에 처음에는 실수나 실패를 반복했습니다. 이래서는 안 되겠다고 생각하여 자신의 일 하는 방법을 다시 생각해 보았습니다. 먼저 맡은 일을 순서대로 해내는 것이 아니라, 작업에 걸리는 시간과 기간을 고려해 우선순위를 정했습니다. 그리고 아무리 완벽하다고 생각하고 있는 일도 재확인을 소홀히 하지 않고 정확성을 철저하게 기했습니다. 그 외에도 컴퓨터 작업에 익숙해지기 위해 대학에서 하는 보수교육을 받아 업무에 필요한 조작을 배웠습니다. 그 결과, 어느새 저는 '실수없는 단비씨'가 되어 사람들로부터 신뢰를 받게 되었습니다. 이 경험을 통해서 저는 이전보다도 더 신중하게 일을 할 수 있게 되었습니다.

【관심분야 및 희망하는 업무】

아르바이트로 컴퓨터 작업을 했던 것을 계기로 더욱 더 자유자재로 활용하고 싶은 생각이 강해졌습니다. 유학 후 돌아와서도 컴퓨터 수업을 수강해서 지금은 자신의 홈페이지도 만들 수 있게 되었습니다. 현재는 효과적인 광고를 만드는 방법에 관심을 갖게되어 포토샵을 이용한 시각적인 디자인에 대한 공부를 하고 있습니다. 전공인 일본어도 한층 더 실력을 향상시키기 위해, 통역이나 번역 봉사활동에 적극적으로 참가하고 있습니다. 제가 지금까지 배운 컴퓨터와 일본어 지식과 기술을 살리기 위해서 저는 사무분야에서 활약하고 싶습니다.

【지원이유 및 입사 후 포부】

화장품회사에서 일하고 계신 어머니 영향을 받아 어렸을 때부터 화장에 관한 관심을 가지게 되었습니다. 잡지의 화장관련 기사를 잘라 파일로 만들기도 했습니다. 다양한 잡지를 읽고 있는 동안에 귀사의 상품이 높은 평가를 받고 있다는 것을 알게 되었고, 자연스럽게 귀사의 상품을 애용하게 되었습니다. 대학 1학년 때에는 취미를 넘어 다른 사람 화장도 해보고 싶어, 친구를 화장을 해 준적이 있습니다. 화장을 마치고 거울을 본 친구는 "이렇게까지 예뻐질 거라고는 생각하지 못했어. 나 자신에게 자신감이 생겼다"며 만면의 미소를 띠며 기뻐했습니다. 그때 가장 많이 사용한 것이 귀사의 상품이었습니다. 이러한 경험으로 저는 보다 많은 사람에게 귀사 상품의 우수성을 전하고 싶습니다. 입사를 하게 된다면, 하루라도 빨리 제 역할을 다 할 수 있는 직원이 될 수 있도록 노력하겠습니다.

제14과 면접 Ⅰ |정중체|

● 박기현 ●

Q1) 자기 PR 부탁드립니다.

저는 '숨은 공로자 형 리더'라고 생각합니다. 저의 중학교, 고등학교 시절은 입시를 위한 공부 중심이라서 개인적인 시간으로 활용하는 경향이 많았습니다. 그렇기 때문에 대학 입학 후에는 사람과 시간을 공유 할 수 있는 일을 하고 싶어서, 과감히 과 학생회 멤버가 되었습니다. 거기에서는 주로 과 행사를 원활하게 진행하기 위해 기획, 비용 관리 등을 실시했습니다. 그중에서도 제가 특히, 느꼈던 것은 '사람과 사람'의 교류입니다. 대학은 고등학교 때까지와는 달리 사람과의 교제가 다소 희박하게 되는 경향이 있습니다. 또한 적극적인 학생이 있는 반면, 행사 등에 소극적인 학생이 있는 것도 사실입니다. 그래서 저는 '학년을 초월한 교류' '교수님과 학생과의 교류'를 항상 염두에 두고 더욱 활기찬 학과 만들기에 힘썼습니다. 예를 들면, MT는 신입생이 가장 많이 참가하는 행사로, 첫 번째 공동 행사가 됩니다. 그때 교수님과 충분히 이야기를 나눌 수 있도록 준비했습니다. 다른 과 학생들과 교수님의 협력으로 하이쿠와 시 등 전시회에서는 많은 사람들의 호평을 받았습니다.

이와 같이 저는 앞에 나서는 타입의 리더는 아닙니다만 주위 상황을 파악해서 주변 사람들에게 설명, 협력 타진 등 노력을 아끼지 않고 움직일 수 있는 타입이라고 자부

하고 있습니다.

Q2) 학생 생활에서 주력한 것은 무엇입니까?

저는 중학교, 고등학교, 대학교를 통해서 계속해 온 것 중에 자원 봉사활동을 들 수 있습니다. 계기는 저의 아버지와 장애인을 위한 자원 봉사에 참여했던 적이 있었습니다. 솔직히 처음에는 평일도 일로 바쁜 아버지가 '왜 주말까지 시간을 내어 그런 일을 하시는 걸까'라고 반신반의하면서도 호기심이 강한 저는 주말 시간을 이용하여 따라가게 되었습니다. 그러는 사이 자원 봉사에 대한 생각이 바뀌었습니다. 자원 봉사는 '누군가를 위해 하는 일' '타인에게 도움이 되는 일' 이라고 생각했었습니다만 실은 제가 더 배우는 것이 많아 오히려 '공부가 되는 기회'라는 것을 깨달았습니다. 그 후 제가 하고 싶은 것이 아니라 상대가 원하는 일을 최우선으로 행동했습니다. 이러한 자원 봉사를 통해 얻은 '사회적 과제 해결'에 대한 관심은 사회에 나와서도 유용하게 작용할 거라고 믿고 있습니다.

Q3) 지망 동기를 말해주십시오.

귀사는 이번에 해외 영업을 모집하고 있으며 특히 일본 출장이 많다고 들었습니다. 풋워크(발놀림)가 가벼운 저에게 안성맞춤이라고 생각합니다. 또한 체력은 물론 협조성, 배려, 그리고 무엇보다 시간을 아끼지 않고 열심히 해 온 일본어 등 학창 시절에 배운 것은 저의 평생 재산이 되었습니다. 이것들을 잘 활용해 보고 싶어서 영업직을 희망했습니다. 조금이라도 빨리 귀사의 일을 잘 익히고 상사, 선배님들의 손과 발이 되어 일하고, 고객요구의 동향 파악·신규 고객 확보에 적극적으로 행동을 하여 귀사의 매출·수익 창출에 노력하겠습니다.
잘 부탁드립니다.

Q4) 당신이 하고 싶은 일과 저희 회사의 일은 어느 정도 일치하고 있습니까? 또한 어떻게 활약하고 싶다고 생각하고 있습니까?

제가 영업직으로 채용되어 일본 담당자로만 해주신다면 100% 일치한다고 장담할 수 있습니다. 물론 귀사는 업계를 선도하는 존재이기 때문에 새로운 제품이 계속 등장할 것으로 생각됩니다. 계속 진화해 가는 귀사 상품의 매력과 일본 소비자사이에서 다리가 될 수 있다면, 저는 물 만난 물고기처럼 한국과 일본을 뛰어 다닐 것입니다. 또 기업 설명회에서 귀사의 교육 제도 또한 매우 충실하다

고 들었습니다. 저는 이러한 기회를 최대한 살려 부족한 부분은 주변 사람보다 몇 배 노력해서 일을 배워 익힐 생각입니다. 그리고 귀사에 맞는 직원이 되어 귀사의 이름을 더욱 널리 알리고 싶습니다.

면접 II | 정중체 |

● 김혜리 ●

Q1) 자기PR를 부탁드립니다.

저의 좌우명은 '하면 할 수 있다' 입니다. 세간에 자주 사용되고 있는 흔한 말이라고 생각 할지도 모릅니다만, 저는 이 말을 가슴에 품고 지금까지 살아 왔습니다. 중학교 1학년 때 교실 칠판 위에 이 글이 큰 글씨로 쓰인 종이가 붙어 있었습니다. 저는 매일 그것을 보는 동안에 머리와 가슴에 새겼습니다. 그리고 공부든, 친구 관계든, 뭔가 일이 잘 진행되지 않을 때나 힘든일이 있을 때에는 이 단어를 큰 소리로 외칩니다. '하면 할 수 있다'고 믿으면 도전하는 용기와 도중에 포기하지 않는 지속하는 힘이 솟아납니다. 이것이 거듭 쌓여 어렵다고 듣던 지망했던 대학교도 합격 할 수 있었고 장학금도 받았습니다. 좋은 결과가 더욱 '의욕'을 만들어 내는 것입니다. 이 사이클이 제 안에 확실하게 자리잡혀있습니다. 물론 사회인이되면 학창 시절과는 또 다른 큰 어려움도 있을거라고 생각합니다. 하지만 저는 입사 후에도 이 말을 믿고 곤란한 상황은 그것은 자신을 나아지게 하는 기회라고 생각하고 적극적으로 임할 것 입니다.

Q2) 학생 생활에서 주력한 것은 무엇입니까?

저는 전공인 일본어 실력향상에 주력했습니다. 고등학교에서는 제 2 외국어로 일본어를 선택했습니다만 그때는 클래스 중에서도 성적이 높은 편이었기 때문에 솔직히 자신이 있었습니다. 그렇지만 대학교에 들어가자마자 생각이 안일했다는 것을 깨달았습니다. 잘하는 학생은 출중하게 잘하는 것입니다. 자신이 너무 어중간하다고 느꼈습니다. 그래서 어떻게든 일본어를 접할 기회를 늘리려고 했습니다. 예를 들어, 어차피 TV를 본다면 공부를 겸해 일본 드라마를 보기 시작했습니다. 그리고 친구 몇 사람과 드라마에 나온 표현 등을 서로에게 확인하면서 그것이 점점 본격적인 스터디처럼 되었습니다. 또한

공강시간에는 원어민 선생님 연구실에 가서 일본어로 말하는 기회를 갖었습니다. 이것은 매우 사치스러운 시간이었습니다. 우리 몇 사람을 위해 시간을 내주신 선생님 덕분에 회화에 자신감을 가질 수 있게 되었습니다. 또 일본공보문화원에서는 매년 '외국어 스피치 대회'가 열립니다. 저는 3학년때 과감하게 참석했지만, 장려상을 받았습니다. 처음에는 본선에 진출하는 것만으로 다행이라고 생각했는데 대회를 마치고 난 후, 더욱 욕심이 생겨 4학년때 재도전을 해 '금상'을 획득했습니다. 저에게는 2년에 걸친 일대 이벤트였기 때문에 매우 기뻤습니다. 지금 '일본어'는 저에게 삶의 활력을 주는 존재라고 할 수 있습니다.

Q3) 지망 동기를 말해주십시오.

학창 시절의 일상은 일본 문화와 일본어에 푹 빠져 있었다고 해도 과언은 아닙니다. 따라서 취업에도 역시 '일본어를 수단으로 한 일을 하고 싶다'고 늘 생각하고 있었습니다. 저는 귀사 팬의 한 사람이라고도 할 수 있습니다. 저의 휴대전화도, 컴퓨터도 귀사 제품입니다. 저는 전자제품에 남다른 고집이 있어, 소비자 입장에서 항상 타사 제품과 비교해서 구입했습니다. 그렇기 때문에 저는 귀사 제품이 사용하기 편하다는 것을 잘 알고 있습니다. 귀사의 취급 상품에 대해 몸소 실감하고 그 상품의 팬이라는 점은 매우 중요한 일이 아닐까요? 그렇기 때문에 저는 자신의 일본어 실력을 수단으로 귀사의 일원이 되어 꼭 일을 하고 싶습니다.

Q4) 당신이 하고 싶은 일과 저희 회사의 일은 어느 정도 일치하고 있습니까? 또한 어떻게 활약하고 싶다고 생각하고 있습니까?

이 세상에 자신의 관심 분야를 직업으로 할 수 있는 사람이 얼마나 될까요? 그러나 만약 제가 귀사에서 일을 할 수 있게 된다면, 그것은 저에게는 완벽한 이상형입니다. 지금까지 어떻게 해서 일본어를 마스터 할 것인가를 의식하며 지냈습니다. 그런 일상 속에서 길러 온 일본어를 수단으로 귀사 제품에 관여할 수만 있다면 이 보다 행복한 일은 없을 것입니다. 물론 지금까지는 고객 입장이었지만, 앞으로는 사원 입장도 겸비해 귀사와 해외 거래처의 원활하고 정확한 대응을 목표로 하고 싶습니다.

취업활동 | 친밀체 |

이단비 취업활동 잘 돼가?

후루카와 타카오 아니 전혀 안 돼. 취업률이 좋다고 뉴스에서 나왔지만 나에게는 딴 나라 이야기인 것 같아.

이단비 타카오는 나보다 많이 지원했지? 엄청 바빠 보이던데 몸은 괜찮아?

후루카와 타카오 응, 그럭저럭. 다음주도 또 면접이야. 이제 슬슬 정해졌으면 좋겠는데. 단비는 지금까지 몇 개 회사에 지원했어?

이단비 열 개 회산가? 최종면접까지 간 곳은 두 회사뿐이지만 아직 결과를 기다리고 있는 중이야.

후루카와 타카오 그래. 내정 받을 수 있으면 좋겠네. 어떤 기업을 본 거야?

이단비 대기업 화장품회사야. 나는 일할 거면 대기업이 좋더라.

후루카와 타카오 그래? 왜?

이단비 역시 대기업은 스케일도 크고 그만큼 보람도 느낄 수 있지 않을까 해서. 무엇보다 한국과의 거래도 많이 있고.

후루카와 타카오 그렇구나. 전부터 대기업이 좋다고 했었지. 근데 왜 화장품회산데?

이단비 처음에는 화장품에 흥미가 있어서 막연히 화장품회사가 좋다고 했는데, 회사설명회나 선배방문으로 이야기를 들으면서 더 매력을 느꼈어.

후루카와 타카오 역시 실제로 일하는 사람한테 이야기를 들을 수 있는 것은 믿음이 더 가.

이단비 응. 근데 대기업이란 곳은 급여는 좋지만, 일은 더 힘든 것 같아. 그래서 입사하고 바로 그만두는 사람도 있다고 선배에게 들었어. 좀 걱정이 되긴 해.

후루카와 타카오 단비는 인내심이 강하니까 아마 괜찮을 거야.

이단비 그럴까? 아, 맞다. 다음주 면접에서 자기PR해야 하는데, 혹시 시간이 있으면 한번 들어 줄 수 있어? 좀 자신이 없어서.

후루카와 타카오 응, 물론이지! 좋아.

제15과 올해 신입사원은 "지워지는 볼펜형" |정중체|

매년 봄 공익재단법인 일본생산성본부가 명명(命名)하고 있는 신규 졸업자 신입사원 타입이 결정되었습니다. 올해는 '지워지는 볼펜형' 도대체 그들에게는 어떤 특징이 있는 걸까요?
이 '지워지는 볼펜'은 언뜻 보면 흔히 있는 볼펜이지만, 펜의 상부에 지우개가 붙어있고 고쳐 쓸 수 있는 기능이 갖추어져 있습니다. 동 본부에서는 이것에 비유해 '겉보기로는 판단할 수 없는 갑작스러운 변화에도 대응할 수 있는 유연성을 갖고있다'고 그들을 분석하고 있습니다.
단, 주의할 것도 있습니다. 이 잉크로 쓴 서류를 온도가 높은 데에 놓아두면 글자가 투명하게 나타납니다. 이러한 취지에서 임기응변식의 성과만 얻으려고 열의를 쏟으면 그들의 특색이 사라질지 모른다고 지적합니다.
신입사원 때는 젊으므로 몇 번이라도 기회(수정)가 있으므로 실패를 두려워하지 말고, 자유롭게 경험을 쌓을 필요성이 있습니다.
올해 대졸 신입사원은 현역이라면, 동일본대지진 직후에 대학에 입학 또는 고등학교를 졸업했습니다. 이런 상황 변화에 대응해 온 세대라는 점도 이 명명(命名) 배경이라고 합니다. 바야흐로 대 히트 상품이 되었던 만큼 '지워지는 볼펜' 형 신규 졸업자들인 그들의 미래 활약에 기대가 큽니다.

요즘 본 뉴스 |친밀체|

후루카와 타카오 아아~, 가방 무거워! 교과서 들고 다니는 거 어떻게 좀 안 될까?
노구치 후미코 어제 뉴스에서 좀 있으면 교과서를 태블릿으로 바꾼대.
후루카와 타카오 뭐, 그래!? 대학에서?
노구치 후미코 아니, 아니. 초·중·고 이야기지. 곧 무거운 교과서를 들고 다니지 않아도 된대.
후루카와 타카오 어!! 좋겠다. 요즘 아이들은.
노구치 후미코 태블릿하나에 모든 과목이 들어가 있는 것은 확실히 편리해서 좋을지도 모르겠지만, 정말로 그게 좋은걸까?
후루카와 타카오 집에 놓고 온 물건 걱정도 적어지고 무엇보다도 재미있게 공부할 수 있을 것 같아. 칼라고, 동영상을 볼 수 있고, 음성도 들을 수 있고, 좋은 일 일색이라고 생각하는데.
노구치 후미코 근데, 꼭 좋은 일만 것만도 아니라고 생각해. 디지털에 익숙해져 눈이 나빠지는 애들도 늘어나는거 아닐까.
후루카와 타카오 그건 그렇네.
노구치 후미코 게다가 배터리가 닳아지거나 해서 오작동을 일으킬 가능성도 있지. 그렇게 되면 작업이 일시중단 되어버려 아이들 집중력이 떨어져 버리는 일도 생길 수도 있지.
후루카와 타카오 그렇네. 교과서지만 기계니까 고장날 수도 있겠고.
노구치 후미코 고장 나면 수리도 맡겨야하고, 새로운 것을 구입해야하기도 하고. 그러면 비용도 엄청날거야.
후루카와 타카오 장점, 결점이 있다고 생각하지만 나는 장점이 더 많다고 생각해.
노구치 후미코 잘 활용할 수만 있으면 좋겠지만.
후루카와 타카오 그렇다해도 이 두꺼운 교과서가 디지털화 된다면 의욕도 생기겠는 걸.
노구치 후미코 책 무게와 공부 의욕은 상관없다고 생각하는데….

제16과 은사님께 보내는 메일 |정중체|

● 아오키 선생님 ●

입추라고는 하지만 아직 더운 날이 계속되고 있습니다.
선생님께서는 그 후 별고 없이 잘 지내시는지요?
대학을 졸업하고 취업해서 눈 깜짝할 사이에 반년 이상이 지났습니다.
1년 전 자신을 떠올려보며, 또한 선생님이 그리워 펜을 들었습니다.

그때는 마침 주변 친구들이 하나둘 취업이 정해지기 시작해 저는 앞으로 어떻게 하면 좋을지 출구가 안 보이는 상황이었습니다. 그때 선생님께서 항상 격려해주시고 많은 정보도 주셨습니다. 또, 선생님께서 추천서도 써주셔서 지금 저는 염원했던 회사에서 무역사무일에 종사하고 있습니다. 이 모두가 선생님 덕분입니다. 마음속 깊이 감사드립니다.

갓 입사해 사회인이 된 첫 해라서 모든 것이 낯설고 어렵기만 합니다. 지금도 하루하루가 폭풍처럼 지나갑니다. 그러나 요즘은 회사 분위기나 일에도 적응이 되어 가고 있어서 이 업무에 보람을 느끼고 있습니다. 구체적인 업무는 일본거래처와 전화·문서 주고받기입니다만, 가끔은 상사 출장에 동행하여 통역을 맡는 경우도 있습니다.

지금도 자신의 일본어에 불안을 느낄 때가 많아서 그때마다 '곁에 선생님이 계셨더라면…'하고 생각할 때도 있지만, 대학시절에 단련된 정신으로 전력을 다해 힘써주신 선생님의 기대에 부응할 수 있도록 열심히 노력하고 있습니다. 그리고 다음에 선생님을 뵐 때에는 좀 더 성숙한 모습을 보여드리도록 노력하겠습니다. 앞으로도 계속 지도편달 해주시길 바랍니다.

환절기에 부디 몸조심하시기 바랍니다.
또 연락드리겠습니다.

김혜리

친구에게 보내는 메일 | 친밀체 |

단비

후미코야
오랜만이지. 잘 지내고 있겠지?
오늘은 아주 중요한 보고가 있어서 메일을 했어.
실은 나 결혼해!
놀랐지!?
상대는 한국인이야.
단비 집에서 홈스테이 한 후,

나 한국어 공부 시작했다고 얘기했었지?
그래서 한국어교실 친구들과 신오쿠보에 있는 코리안타운에 가끔 놀러 갔는데 그때 알게 된 사람이야.

국제결혼이라 걱정이 없는것은 아니지만,
이미 좋아하게 되서 방법이 없네. (^▽^)

결혼식은 한국과 일본 양쪽에서 하기로 했어.
일본은 신전식과 피로연.
신전식이란 일본 고유의 전통적인 결혼식 스타일이야.
사실은 이것을 단비에게 보여 주고 싶지만, 회사도 있고 하니 어렵겠지.
그러나 한국 결혼식에는 꼭 와줬으면 해.
나 특히 폐백이란 것이 기대가 돼.
아, 그리고 앨범도 한국에서 만들기로 했어.
한국의 결혼앨범은 아주 호화롭고 멋있다며?
그가 사진은 한국에서 촬영하는 것을 적극적으로 권했어.
아무튼 벌써부터 모든 것이 기대가 돼.

일단, 보고는 여기까지. 빨리 전하고 싶어서 ♪
자세한 것이 정해지면, 또 연락할게.

후미코

제17과 거래처 방문 | 정중체 |

접수 어서오세요.
이단비 실례하겠습니다. 한국에서 온 코리아 상사의 이단비라고 합니다.
  영업부 오카무라님과 연결 부탁드립니다만….
접수 실례지만, 약속은 하셨습니까?
이단비 네. 오늘 2시로 약속되어 있습니다.
접수 알겠습니다.
  지금 바로 연락드릴테니, 저기 앉아서 기다려 주세요.

오카무라 켄	먼 곳에서 일부러 와주셔서 감사합니다.
이단비	아닙니다, 아니에요. 별말씀을요, 저야말로 바쁘신데 시간을 내 주셔서 감사합니다.
오카무라 켄	서서 말씀하시는 것도 그러니까 자, 앉으시지요.
이단비	네, 그럼, 바로 용건으로 들어가겠습니다. 저희 회사 제품 평판은 어떤지요?
오카무라 켄	매장에서 반응도 좋고 매상도 전년비 35% 올라갔습니다.
이단비	그래요. 그것 참 다행이네요.
오카무라 켄	그래서 한 가지 상담할 것이 있습니다만, 단가를 조금 내려 주실 수 있을지 하는 이야기가 사내에서 나오고 있어서.
이단비	단가 건에 관에서는 당초 시간을 두고 검토할 것이라고 했습니다만.
오카무라 켄	네. 말씀하신 대로 당초에는 사내 회의 결과 전원일치로 그러기로 했었습니다.
이단비	그럼, 왜 지금 이때에….
오카무라 켄	우리 예상 이상으로 상당히 매상도 좋고, 앞으로도 이 상황은 당분간 계속될 것 같습니다.
이단비	감사합니다.
오카무라 켄	매장에서는 품절이 될 때도 있는 것 같습니다. 그래서 1회 발주량을 지금의 2배로 올리고 싶습니다. 그 대신 단가를 내려 주실 수는 없는지 해서요….
이단비	그런 것이었군요. 하지만 그것은 제가 결정할 수 있는 것이 아니라서, 회사에 돌아가서 검토한 후 다시 연락드리겠습니다.

전(前) 홈스테이지 방문 | 친밀체 |

딩동

야마시타 미키	네. 누구세요.
박기현	안녕. 기현이야.
야마시타 미키	와! 기현, 오랜만이네. 기다리고 있었어. 자, 어서 들어와.
박기현	실례합니다. 미키, 잘 지냈어?
야마시타 미키	응, 잘 지냈지.
박기현	어!? 아저씨하고 아주머니는?
야마시타 미키	지금 외출했는데 곧 들어올 거야.
박기현	그래. 아, 이거 별거 아니지만.
야마시타 미키	어! 일부러 선물까지 가지고 왔어? 신경 안 써도 되는데. 고마워.
박기현	아니. 뭘 살까 고민했는데 결국 내가 좋아하는 과자를 샀어.
야마시타 미키	나도 친구 집에 갈 때는 디저트 종류를 자주해. 그럼, 여기는 추우니까 저쪽 방으로 가자.
박기현	와, 이거 고타츠구나! 실물 처음 봤어. 나 홈스테이 했을 때는 없었지?
야마시타 미키	그래. 기현이가 홈스테이 했을 때는 따뜻한 시기였으니까 안 꺼냈었지.
박기현	지금까지 애니메이션에서 몇 번 본 적이 있어서 아주 궁금했었거든.
야마시타 미키	한국에는 없어? 한국 겨울도 꽤 춥잖아?
박기현	응. 한국은 온돌이라는 것이 있어서 바닥을 따뜻하게 하니까 방 전체가 따뜻하게 되거든.
야마시타 미키	그렇구나. 그거 좋네! 고타츠는… 다리는 따뜻해지지만, 방 공기는 그다지 따뜻해지지 않거든.
박기현	그런데 뜻밖의 곳에서 또 새로운 문화체험을 하게 되네.
야마시타 미키	아, 엄마랑 돌아왔다!

장면으로 배우는 오모시로이 일본어

초판 1쇄 발행일 2016년 12월 23일

지은이 허인순·아오모리 쓰요시·오오타니 유카·이시마루 하루나·문형자
펴낸이 박영희
편집 김영림
디자인 박희경
마케팅 임자연
일러스트 변아롱
인쇄·제본 태광인쇄
펴낸곳 도서출판 어문학사
　　　　서울특별시 도봉구 쌍문동 523-21 나너울 카운티 1층
　　　　대표전화: 02-998-0094/편집부1: 02-998-2267, 편집부2: 02-998-2269
　　　　홈페이지: www.amhbook.com
　　　　트위터: @with_amhbook
　　　　인스타그램: amhbook
　　　　블로그: 네이버 http://blog.naver.com/amhbook
　　　　　　　　다음 http://blog.daum.net/amhbook
　　　　e-mail: am@amhbook.com
　　　　등록: 2004년 4월 6일 제7-276호

ISBN 978-89-6184-427-7　　13730
정가 16,000원

이 도서의 국립중앙도서관 출판예정도서목록(CIP)은 e-CIP홈페이지(http://www.nl.go.kr/ecip)와 국가자료공동목록시스템(http://www.nl.go.kr/kolisnet)에서 이용하실 수 있습니다.
(CIP제어번호: CIP2016030195)

※잘못 만들어진 책은 교환해 드립니다.